POMBAGIRA

A Entidade Silenciada

Ana Mametto

POMBAGIRA

A Entidade Silenciada

MADRAS®

Editor:
Wagner Veneziani Costa (*in memoriam*)

Produção e Capa:
Equipe Técnica Madras

Fotos internas:
Flaviane Ramos

Designer Capa:
Tharcio Maia

Foto da Capa:
Flora Negri

Revisão:
Jerônimo Pouças Feitosa
Ana Paula Luccisano

Dados Internacionais de Catalogação na Publicação (CIP)
(Câmara Brasileira do Livro, SP, Brasil)

Mametto, Ana
Pombagira : a entidade silenciada / Ana Mametto.
São Paulo : Madras Editora, 2024.

ISBN 978-65-5620-086-6

1. Umbanda (Culto) 2. Religiões afro-brasileiras

I. Título.

24-212371 CDD-299.60981

Índices para catálogo sistemático:
1. Umbanda : Religiões afro-brasileiras 299.60981
Tábata Alves da Silva - Bibliotecária - CRB-8/9253

MADRAS EDITORA LTDA.
Rua Paulo Gonçalves, 88 — Santana
CEP: 02403-020 — São Paulo/SP
Tel.: (11) 2281-5555 - (11) 98128-7754
www.madras.com.br

Agradecimentos

Para chegar até aqui, um longo caminho foi percorrido, houve muitas dificuldades superadas, e tudo isso com muitos parceiros que concluíram essa jornada sempre ao meu lado.

Agradeço à minha Pombagira, Dama da Noite, guia e companheira de luta.

Agradeço ao meu marido, Yacoce Simões, por sempre apoiar minhas escolhas e sonhar junto a mim. Só foi possível realizar mais esse sonho porque ele sempre esteve ao meu lado.

À minha mãe, Ednalva Maria dos Santos Oliveira, minha fonte de inspiração, minha rainha e razão da minha luta.

Ao meu pai (*in memoriam*), que batalhou para criar seus seis filhos com veemência e dedicação.

À minha irmã, Adriana Oliveira, por ser simplesmente a mulher que é na minha vida.

Agradeço de maneira especial a Alexandre Cumino, escritor e mentor espiritual, que esteve vivamente ao meu lado durante toda esta jornada e contribuiu significativamente na pesquisa para escrever meu livro. Sua orientação e apoio foram fundamentais para o sucesso deste projeto, e sua presença foi uma fonte constante de inspiração e encorajamento. Agradeço a ele profundamente, por sua dedicação e amizade, que tornaram possível a realização deste sonho.

Agradeço, ainda, ao meu Centro de Umbanda Mística Oxum Apara (CUMOA) e a todos os meus irmãos de fé. À minha mãe de santo, Taiane Macedo, que torce por mim sempre.

Meu agradecimento, também, ao Pai Raimundo do Rosário, sempre presente nas minhas lutas, e à mãe Bel, rainha, portadora de sabedoria e muita paciência com seus filhos de santo. Obrigada pelo prefácio escrito com muita confiança e amor.

Agradeço imensamente às imagens cedidas com muito carinho pela fotógrafa, irmã de terreiro, Flaviane Ramos.

Também agradeço a Andrezão Simões, que me incentivou a ingressar no universo acadêmico. Sim, foi você que, em uma das nossas inúmeras conversas, plantou a semente do conhecimento na imensidão de terra firme desta alma que floresce a cada dia.

Agradeço, por fim, à minha espiritualidade, que alimenta cada realização minha fortalecendo meu Ori.

Laroyê!

Índice

Apresentação

Laroyê Pombagira!

Por Alexândre Cumino

Mulher do Capeta, Esposa de Lúcifer, Rainha do Inferno, Mulher Demônia, estes são alguns dos adjetivos atribuídos à Pombagira, que, segundo cantam e contam, foi rainha, cortesã, dona do cabaré, matou o infiel, morreu na fogueira santa, levantou dos mortos e se eternizou Maria Padilha, Maria Mulambo, Maria Sete Saias, Maria Farrapo, Maria Navalha, Maria Cecilia, Maria Preta, Maria da Calunga, Maria do Cais, Mary Star, Dama da Noite, Rainha das Sete Encruzilhadas, Rosa Caveira, Rosa Rubra, Rosa Vermelha, Pombagira da Estrada, Pombagira do Luar, Pombagira Menina, Pombagira do Fogo, Pombagira da Figueira, Pombagira das Almas, etc.

Diz o ponto: "não meche com essa mulher, essa mulher é um perigo, vem acompanhada de sete Exus, mulher de sete maridos". Tão amada quanto temida, Pombagira desperta os sentimentos mais contraditórios; dizem que rouba marido, faz amarração, leva homens e mulheres à perdição, mas será que é isso mesmo?

A Pombagira surge em meio aos cultos afro-brasileiros realizados no Rio de Janeiro; embora ela se assenta na Umbanda junto de seu companheiro Exu, ambos são anteriores à ideia de uma religião organizada. A Pombagira nasce em meio à perseguição, de tudo que pertence ao negro diante da Monarquia do Império e depois do Estado Novo.

A música, a dança, a espiritualidade e a religiosidade do negro foram, e ainda são, discriminadas nessa estrutura social racista. As manifestações da Capoeira ao Candomblé eram criminalizadas, consideradas vadiagem e curandeirismo pela polícia de "usos e costumes"; sua prática levava os adeptos à cadeia. O que antes era oficialmente condenado, depois, com o Estado Laico, continuou sendo perseguido pelo moralismo branco cristão, que sempre considerou imoral e do diabo todas as expressões culturais de origem negras africanas.

É nesse contexto que surge a Pombagira, é aí que ela começa a ganhar forma, força e poder no imaginário popular. Sua presença é marcante e inesquecível aos olhos de curiosos e adeptos das tradições afrobrasileiras.

Pombagira é citada, em 1904, no livro *As Religiões no Rio*, de João do Rio, como divindade (Inquice) da cultura Cabinda, cultuada junto aos Orixás da cultura Yorubá, num sincretismo entre Inquices e Orixás. Na década de 1950, aparece como Orixá Pombagira na obra de Tata Tancredo, de Umbanda Omolocô. Nos cultos de origem Bantu, como Cabinda, Angola e Congo, era comum absorver outros deuses e outras culturas como forma de aumentar seu repertório, sincretizá-los e, assim, expandir seu poder de realização, seu moyo, algo similar ao Axé dos Yorubás.

É nesse contexto que o ancestral e milenar Inquice Pambu Nigila dá à Luz Pombagira, uma entidade, encantada, espírito, mulher, guardiã, livre, liberta, altiva, forte, poderosa e transgressora de tudo o que oprime a mulher.

Pombagira é tudo o que suas médiuns precisam, de força, inspiração e acolhimento, para sobreviver neste mundo racista, machista, patriarcal, colonial e materialista.

A Pombagira, enquanto entidade, surge com o mesmo poder da divindade, Inquice, Pambu Nigila, um poder análogo ao poderoso Orixá Exu, o qual também dá à luz a entidade Exu. Juntos, Pombagira e Exu, vão se assentar nos mais diversos cultos afro-brasileiros, eles se estabelecem na Umbanda, reinam na Quimbanda, transitam a Jurema e dançam entre encantados, mestres, entidades, mentores, Orixás, Inquices e Voduns.

Profundamente humanos, encarnando marginalizados e excluídos do sistema moralista, vêm questionando os padrões hipócritas e os valores do que se consideram certo ou errado na vida de seus médiuns e na sociedade brasileira.

Por isso a Pombagira assusta e muito o patriarcado, coloca em pânico o machismo, faz tremer o colonialismo, desafia o preconceito, gargalha diante da hipocrisia, brinda a liberdade, bafora mistérios fascinantes, exala o perfume de seus encantos e nos convida para entrar em sua dança, com uma ressalva: para adentrar seu campo é preciso saber chegar com muito respeito, reverência e devoção.

Pombagira nos ensina a amar e respeitar a mulher, neste mundo de repressão, opressão e castração da mulher. Quando a mulher ousa exercer sua liberdade de corpo, coração e alma, ela é chamada de puta, vadia, quenga, rameira, safada, sem vergonha, cachorra, cadela, galinha, etc., pelo patriarcado; por isso, o ponto cantado diz: "na boca de quem não presta Pombagira é vagabunda". Logo, o que antes parecia um xingamento se tornam qualidades na irreverência da mulher livre que se intitula pombagira. Aprendemos com ela a driblar as falsidades deste mundo, em meio a tantos valores invertidos. Essa mulher, antes caluniada, apedrejada e mal falada, é exaltada na figura da Pombagira.

Mas ainda há moralismos na própria Umbanda, quando se fala: "Pombagira é sensual, mas não é vulgar", o que cria um engessamento da entidade e nova repressão, justamente com aquela que vem para *desreprimir*. Com seus mistérios e encantos, ela nos chama a curar nossas dores ancestrais, inspira novos mundos e novas realidades, aponta para uma vida de acolhimento absoluto com nossa sombra, mostra o que é amor incondicional quando nos aceita do jeito que somos, revela que a espiritualidade não nos julga, apenas nos aceita e faz despertar o que há de melhor em nós mesmos!

É preciso coragem para dar voz à sua Pombagira, é preciso ser de verdade para desnudar a alma, é preciso mergulhar fundo em si mesma para trazer ao mundo a gargalhada sufocada de todas as suas ancestrais, romper o silêncio e parir das próprias entranhas um enfretamento que chega ao mesmo tempo doce, suave e encantador como uma rosa vermelha, que pede cuidado e gentileza para não se perfurar com os espinhos e, ao mesmo tempo, inebria com sua beleza, seus encantos e seu perfume!

Gratidão, Ana Mametto, pela coragem, entrega e dedicação para dar voz à sua Pombagira!

Laroyê Pombagira!

Pombagira Mojubá!

Alexândre Cumino
Cientista da Religião
Inspirado pela Pombagira Maria Preta

Prefácio

Quando Ana Mametto me solicitou para redigir o prefácio de seu livro, experimentei uma mistura de honra e apreensão. Como eu poderia abordar esse mistério poderoso repleto de magia, essa guardiã que é a Pombagira? Optei por iniciar solicitando que ela iluminasse minhas palavras e que pudesse expressar-se por meio delas. Permiti que o texto fluísse.

Começo destacando que, ao longo da história, a mulher frequentemente é retratada como coadjuvante, raramente em papel protagonista, que é o seu merecido lugar. Partimos da narrativa da criação, em que, segundo consta, ela foi originada da costela do homem, não lhe sendo concedido o direito de existência exclusiva, mas, sim, sendo parte de outro, sem autonomia, parte de outro ser que teria sobre ela total controle e submissão.

Desconsiderar Lilith e apagá-la da história, e até mesmo demonizá-la por não aceitar viver sob as normas do paraíso estabelecido, é um exemplo de como a história pode ser distorcida para se ajustar a determinadas narrativas. Em contrapartida, surgir Eva que, segundo a tradição, levou Adão ao pecado, reforça uma visão tradicional da mulher como tentadora e responsável pelo pecado original. Isso contribui para o fardo que todas nós, mulheres, carregamos. Da mesma forma, desvalorizar a importância de Maria Madalena e negar-lhe a inclusão no seleto grupo de seguidores de Cristo, simplesmente por ser mulher, é uma manifestação de sexismo enraizado na história. Infelizmente, ainda hoje, persistem lugares no mundo onde subsiste a ideia de inferioridade da mulher, evidenciando a necessidade contínua de lutar por igualdade de gênero.

No Brasil, o machismo prevalece, como evidenciado pelo número alarmante de feminicídios, em que mulheres são mortas por serem mulheres ou por tentarem escapar de relacionamentos tóxicos e abusivos. Tratadas como propriedade por seus parceiros, acabam sendo vítimas de violência fatal.

O mistério da Pombagira não carece de desvendamento; precisa ser sentido e compreendido. Ela nos transmite, por meio de sua transgressão, a mensagem de ser você mesma, ser o que quiser ser; tudo é permitido. Você foi escolhida para dar vida; sem você, a humanidade não existiria. Abandone o papel de coadjuvante e assuma o papel principal, que é o seu legítimo lugar.

Talvez essa liberdade de ser diferente do que a sociedade machista impõe não seja compreendida e até seja estigmatizada, vulgarizada, difamada como prostituta, pois ela desafia as normas. Ela ensina as mulheres a se empoderar, a viverem com total liberdade para ser o que desejam, plenas e cientes de seu valor. Quando ela ensina: "Ame-se antes de amar; seja dona e senhora do seu destino", isso liberta as mulheres e perturba os homens que desejam vê-las dependentes e vulneráveis.

Pombagira, um espírito feminino livre, assume o papel de guardiã de outras mulheres, porque sabe exatamente o que é estar em posição de coadjuvante, pois experimentou em sua própria pele a dominação masculina. Ela vem com a força feminina para mostrar às outras mulheres a força de ser mulher.

Pombagira, o mais forte e belo mistério da Umbanda, que quando compreendido é sentido, liberta, empodera e perturba. Possui um poder tão imenso que purifica um ambiente carregado apenas com uma risada.

Deixemo-la em mistério, Deusa, guardiã, mulher de poder, força e luz. Para compreendê-la, apenas sinta-a e siga seu exemplo. Seja livre, feliz, assuma seu papel principal e ria para a vida. Laroyê, mojubá, Pombagira!

O desconhecer, o ignorar, ou seja, o desconhecimento e a ignorância são pai e mãe de todo preconceito e intolerância. Não há religião melhor ou pior, pois religião é onde depositamos nossa fé. Religião deriva de religar; portanto, devemos ao menos conhecer a fé do outro e respeitá-la.

As religiões de matriz africana, especialmente a Umbanda, causam desconforto por não possuírem a rigidez e o controle exercidos por outras religiões na vida de seus seguidores. Isso representa uma liberdade inaceitável para as religiões controladoras, que pregam que apenas sua salvação é glorificada e nos acusam de adorar o demônio, criado por eles para impor crenças e medos e, assim, exercer domínio e controle sobre seus seguidores.

Esqueceram-se de que Cristo nos ensinou a igualdade e nos disse que na casa de Deus há muitas moradas, e que ele veio para os excluídos e não para excluir. Se você diminui a crença do outro para enaltecer a sua, é hora de revisar a religiosidade que pratica.

A intolerância e o preconceito contra as religiões de matriz africana vêm causando danos há muito tempo. Apesar de existirem leis que os tornam crime, a intolerância religiosa tem ganhado força nos últimos anos, o que é uma vergonha para um país declarado laico no papel, intolerante e preconceituoso na prática.

Não exigimos que nos aceitem, mas exigimos que nos respeitem e respeitem a lei. Sigamos em frente na evolução pessoal para melhorarmos como seres humanos, até o dia em que o amor e o respeito ao outro e suas escolhas prevaleçam.

O livro *Pombagira – A Entidade Silenciada* nos oferece uma visão reveladora das Pombagiras, explorando suas origens e confirmando sua presença por meio de uma pesquisa meticulosa que desafia preconceitos arraigados. Ao desvelar suas histórias e significados, a obra não apenas lança luz sobre essas entidades, mas também promove uma compreensão mais profunda e respeitosa das religiões de matriz africana.

Ana Mametto, em sua pesquisa, desmistifica e desconstrói preconceitos, revelando a verdadeira existência das Pombagiras.

Além de ser uma leitura essencial para os seguidores dessas tradições espirituais, também é um convite para todos aqueles que desejam ampliar seus horizontes e mergulhar no fascinante mistério que envolve a existência das Pombagiras.

Que a força e o poder da Pombagira nos fortaleçam e empoderem, e que o amor e a luz do Criador nos preencham. Salve a Umbanda, salve as guardiãs do amor. Muito axé a todos, boa leitura!

Maria Isabel Pereira Garrido (Mãe Bel)

Prólogo

Este livro é fruto de uma inquietação e curiosidade que me acompanham há muito tempo, partindo de observações realizadas durante trabalho voluntário que faço há 17 anos no Terreiro de Umbanda CUMOA (Centro de Umbanda Mística Oxum Apará), em Salvador (BA).

Localizada no bairro de Piatã, o terreiro foi fundado em 1970 pelas dirigentes, Mãe Hebe Macedo e Mãe Isabel Garrido, e hoje é dirigido pelos sacerdotes Pai Raimundo do Rosário e Mãe Taiane Macedo.

Foi por intermédio da prática e dos estudos que me conectei com a espiritualidade, com minha ancestralidade e com o culto aos orixás, divindades que representam diferentes aspectos da vida, como amor, justiça, sabedoria e proteção, e com os guardiões Exu e Pombagira.

Em nosso terreiro, Pombagira é vista como uma entidade muito poderosa e corajosa, guardiã da sensibilidade, da sedução, da liberdade. Acredita-se que as Pombagiras são espíritos desencarnados que escolheram assim se manifestar para ajudar as pessoas em sua jornada e protegê-las dos perigos.

Minha conexão com a Pombagira foi e é transformadora em minha vida. Sou médium de trabalho da minha casa, CUMOA, e quem me acompanha nos atendimentos mediúnicos é a entidade Pombagira Dama da Noite, rainha da lua e da madrugada, minha Deusa, que mergulha nos meus pensamentos aflitos e abre meus caminhos. Ela chega para me fortalecer, e faz minha vida rodar, girar, movimentar-se.

Dama da Noite me faz tão bem, que um dos pontos que me chamaram a atenção é como ela provoca nas pessoas opiniões tão distintas. Por que Pombagira desperta um comportamento de violência simbólica por parte de algumas pessoas? Foi a partir dessa pergunta que surgiu o interesse de entender um pouco mais sobre a entidade.

Em 2021, graduei-me em Comunicação Social, com ênfase em Jornalismo, na Universidade UniFTC (Salvador, BA). Foi uma grande conquista ter concluído essa etapa da minha vida acadêmica.

A modalidade de Trabalho de Conclusão de Curso em forma de monografia foi uma excelente oportunidade para aprofundar meu conhecimento sobre a Pombagira. Suas origens e significados foram alvo de pesquisa, que, além de auxiliar na desconstrução de preconceitos e de estereótipos associados a ela, traz uma provocação. O tema ainda gera muita controvérsia e desinformação na sociedade: um olhar analítico sobre a interpretação demonizada da Pombagira.

Obter a nota máxima na banca examinadora, com sugestões de publicação, foi uma conquista que refletiu o esforço e a dedicação em produzir um trabalho com seriedade.

Espero que a leitura deste livro possa sensibilizar as pessoas para a importância do diálogo inter-religioso e a necessidade de se construir uma sociedade mais tolerante e inclusiva, na qual todas as crenças sejam respeitadas e valorizadas. Que a obra possa contribuir para trazer união e paz, promovendo o entendimento mútuo e o respeito às diferenças.

Dedico este livro ao meu terreiro CUMOA, à Umbanda e a todas as religiões de matriz africana. Esta pesquisa revela um compromisso com a luta contra a discriminação e a exclusão dessas religiões e suas entidades cultuadas, que muitas vezes são alvo de preconceito e violência simbólica.

Que este livro possa fazer a diferença na vida de muitas pessoas.

Introdução

A Pombagira, no mundo de representações, é vista como sedutora, independente, agressiva, audaz, infiel e ativa, atributos que, no contexto brasileiro, tornam-se representativos da noção de virilidade. É revolucionária por excelência. Suas ações desmantelam a lógica dicotômica que sustenta a modernidade, bem como os valores que legitimam o patriarcado. As oposições binárias entre bem e mal, masculino e feminino, fomentam interpretações variadas, de acordo com o contexto em que determinado público está inserido.

Sua tão propalada ambiguidade, fator determinante que marca a Pombagira nas religiões afro-brasileiras, é referenciada pelos cientistas sociais, pelos religiosos, e se mostra nas entrevistas e nas observações deste livro. Tudo que lhe diz respeito é ambíguo. Pombagira também é descrita como uma mulher vulgar, forte, debochada, perigosa e transgressora.

Trata-se de uma pesquisa que busca fazer uma leitura diferenciada sobre a figura da Pombagira, trazendo-a para o campo social. Segue no caminho de mostrar sua construção e suas funções, desmistificando sua associação com o mal. Com isso, há a suposição de estar relacionada como intermediadora das relações amorosas, vinculadas ao poder por meio da sexualidade, além da sua manifestação como contestadora do papel feminino construído historicamente na sociedade.

A Pombagira é vista por alguns adeptos das religiões de matriz africana e parte dos autores como Exu-Mulher, Exus femininos do panteão umbandista que se caracterizam por seus atributos "ligados" à sexualidade, à prostituição, à luxúria, à lascívia e aos desejos carnais. Uma potência feminina cultuada nas religiões de matriz afro-brasileira. Ela e seu correspondente masculino, Exu, são os mediadores entre o mundo visível dos homens e o mundo da invisibilidade e da natureza. A Pombagira traz consigo a força da ebulição, subvertendo uma realidade instituída socialmente com capacidade criativa e espacial de deslocamentos, direcionando pontos de vista diversificados.

As Pombagiras são vistas, de maneira geral, tanto pelas igrejas cristãs como pelo consenso popular, como entidades espirituais vinculadas ao mal, à traição e à destruição dos valores judaico-cristãos.

Todo esse contexto abordado sobre Pombagira faz-se indagar: deusa ou demônio? Para responder a tal pergunta, foram trilhados objetivos no sentido de descobrir o porquê da demonização da imagem da Pombagira; revelar a relação que a Pombagira tem com a Umbanda e a sociedade; apontar aspectos históricos na construção da imagem da entidade; elencar os principais fatores que levam à violência simbólica as religiões de matriz africana.

A construção de aspectos negativos em torno da Pombagira não pode ser descartada de uma violência simbólica[1]. Nesse sentido, recorremos ao conceito elaborado pelo sociólogo Pierre Bourdieu, que significa uma forma de coação que se apoia no reconhecimento de uma imposição. Ela é praticada por parte da sociedade e até mesmo por alguns umbandistas. Isso provoca questionamentos que tangem à construção do imaginário social de ritos, práticas, entidades e divindades de religiões de matriz africana, mais especificamente a Pombagira.

A teoria de Bourdieu se mostra um campo rico para a produção do conhecimento histórico, sociológico, filosófico, etc.; para a construção de um saber que trata de pensar o papel do homem na sociedade; sobre o quanto o ser humano deve ser livre e independente para atuar no meio em que está inserido e onde ele se encontra limitado por forças externas.

Este estudo se propõe a oferecer uma contribuição para a identificação e a compreensão, na atualidade, de qual seria a imagem ou o modelo efetivo da Pombagira proposto pela Umbanda como religião moderna, brasileira, que reflete em seu culto o conjunto de valores, conflitos, inquietações e contradições, os quais promovem a dinâmica social e cultural do meio em que se encontra inserida.

Este texto busca valorizar a realização da prática religiosa nos cultos de reverência aos povos ancestrais de matriz africana por meio da figura emblemática destacada neste texto, contribuindo para os estudos de decolonialidade, valorização, respeito e luta contra a misoginia e o racismo, vigentes em nosso corpo social. Também busca contribuir para a comunicação, a construção de conhecimento e a reflexão sobre a questão da intolerância religiosa na constituição da sociedade. A relação entre Pombagira e seres humanos é objeto de discussão de alguns autores, como: Alexandre Cumino, na sua obra *Pombagira, A Deusa - Mulher Igual Você*; Rubens Saraceni, em *Orixá Pombagira - Fundamentação do Mistério na Umbanda*; Renato Ortiz, com seu livro *A Morte Branca do Feiticeiro Negro: Umbanda e Sociedade Brasileira*; Vagner Gonçalves da Silva, com a obra *Candomblé e Umbanda: Caminhos da Devoção Brasileira*. Outros autores que pesquisam as entidades de religiões de matrizes africanas também contribuíram para o enriquecimento desta produção com pontos de vista distintos que mostram a riqueza deste tema.

Foram feitas observações sistemáticas a representantes e dirigentes de cinco religiões distintas: Umbanda, Candomblé, Católica, Kardecista e Evangélica, a fim de que se compreenda a visão de cada uma delas sobre a representação simbólica da Pombagira na sociedade. Para isso, foram contatados cinco representantes, um de cada religião. Desse modo, buscamos saber a compreensão que eles tinham acerca da Pombagira, o que ela representa nas suas religiões, qual a importância da entidade e de sua representação dentro do culto, bem como as influências na própria vida e na vida dos seus fiéis. Também foram abordados aspectos relacionados à intolerância religiosa acerca da Pombagira e da Umbanda. O questionário aplicado na coleta das entrevistas foi o mesmo para todos os dirigentes religiosos entrevistados.

Para o corpo dessa pesquisa, os nomes dos entrevistados serão suprimidos a título de resguardo de suas identidades. Nesse sentido, cada membro entrevistado receberá como identificação suas respectivas religiões, e assim ficou definido:

Procura-se evidenciar a Pombagira por meio de três capítulos. No primeiro, apresenta-se uma introdução histórica sobre as diferentes representações relacionadas a essa entidade como Exu-Mulher, sua ligação com Exu e a figura da entidade Pombagira no universo da Umbanda de forma geral. Também se aborda a construção da associação de Pombagira ao Diabo da tradição judaico-cristã, assim como a polarização em "Pombagira Bem" e "Pombagira Mal".

Já no segundo capítulo, é abordado o surgimento da entidade, bem como a discussão acerca da origem do seu nome, considerado uma corruptela da divindade masculina do panteão banto, o Nkisi Bombogira, em que ela supostamente seria o lado feminino dessa divindade. A pesquisa apresenta a Umbanda, religião afro-brasileira de constituição recente, dividida entre os apelos de suas raízes negras, das influências kardecistas da caridade e os atrativos legitimadores da adoção dos princípios éticos cristãos. Procura-se destacar a relação da Umbanda com a entidade Pombagira e suas práticas religiosas, propiciando perceber como as ideias de ordem e desordem são constitutivos do mundo da tradição.

O segundo capítulo tem como objetivo uma análise de elementos simbólicos que se encontram presentes em torno dessa entidade, catalogados por meio de entrevistas, livros e artigos, uma análise a partir da noção de pessoa e da discussão sobre a construção de identidades sociais.

A busca pelas representações simbólicas da Pombagira está associada a todas as suas formas de manifestações, seja no espaço ritual, seja no cotidiano. O referido tópico apresenta os estudos que auxiliarão a compreender a formação das identidades culturais, assim como sua representação, recepção, caracterização, suas configurações no imaginário social e de seus adeptos. Trata-se da descrição da Pombagira e de suas funções atribuídas, seu poder, as saudações, o simbolismo, a representação iconográfica,[24] as oferendas, seus domínios e locais atribuídos.

Nos capítulos 3 e 4, o livro mostra a intolerância religiosa e a desvalorização da imagem da Pombagira na sociedade e de outros segmentos religiosos que sempre ofereceram grande resistência. A Umbanda possui, desde sua fundação, um histórico de intolerância e perseguições quanto à sua origem e a influências de formação, por parte dos kardecistas, por líderes católicos e, mais recentemente, pelos neopentecostais.

O ataque dessas religiões à Pombagira traz essa preocupação política e sexual como fator predominante. Tomada a partir desses discursos, a mulher associada à Pombagira é entendida como um ser semiautônomo, incapaz de controlar seus desejos. Esse tópico aponta como ainda prevalece em vários umbandistas ou frequentadores de terreiros alguns resquícios da demonização das Pombagiras, pois muitos atribuem papéis contraditórios para essa entidade.

De modo geral, a premissa trabalhada aqui é de que a desconstrução, a desqualificação ou a distorção do universo simbólico do outro são formas de dominação e opressão.

Capítulo 1

Pombagira na Umbanda

As portas se fecham, as luzes são apagadas e as velas acesas, restando apenas a penumbra. Chegou a hora! Os curimbeiros tocam e cantam: "Arreda, homem, que aí vem mulher; ela é a Pombagira, a rainha do cabaré!"

Vai começar a gira. Elas surgem: Dama da Noite, Maria Cecília, Mary Star, Maria Padilha, Maria Navalha, Rosa Caveira, Pombagira do Cais, Maria Mulambo, Pombagira das Almas, Maria Preta, Maria Sete Saias, Sete Calungas, Maria Farrapo. É Pombagira que chegou ao terreiro. De vermelho e preto, com os pés no chão. E o cheiro? É de perfume, rosas e cigarro. A dança é empolgante e sensual. Gargalhadas, muitas gargalhadas tomam conta do terreiro. Boa noite! Boa noite! Boa noite! A gira agora pertence a ela! A magia vai começar. Laroyê!

Essa cena é comum na maioria dos terreiros de Umbanda. Ela reflete a realidade do umbandista. É na gira, especificamente no momento da incorporação, que os médiuns tocam, dançam, giram, partem do corpo físico e psíquico para relacionar-se com o mundo mítico e repleto de símbolos. A harmonia entre esses mundos transforma a fé na capacidade de se acreditar no mais inusitável. A pesquisadora Brígida Carla Malandrino, em um trabalho intitulado *Há Sempre Confiança de se Estar Ligado a Alguém,* revela essa conexão. Para ela, existe um movimento rotativo que atua como conectividade que abre um portal para que as entidades sejam incorporadas. Esse primeiro olhar de Malandrino é um dos pontos que devem ser observados em relação à gira[2], termo que explicarei mais adiante.

Para melhor compreensão do leitor, é importante iluminar algumas nomenclaturas para abordar uma temática que envolve a Umbanda. Nesse sentido, Bentto de Lima traz elementos que decodificam a religião por intermédio da obra *Mulango*. Seu olhar repousa sobre os significados dos transes mediúnicos em uma abordagem multidisciplinar que envolve história e relações sociais mediadas pela religião que coloca os envolvidos como símbolos vivos. Lima chama a atenção, dentro de um processo ritualístico, para a incorporação, o transe e o médium.

A incorporação diz respeito à vivência de uma ou mais personalidades que dura o tempo do transe. Ela não seria possível sem o transe. Incorporação, que vem do latim *incorporare*, aquilo que é incorporado, integrado, introduzido, anexado, está no corpo. O transe refere-se ao estado alterado de consciência, em que o Eu (ego) se afasta por força da evocação do sagrado. É como se a consciência mergulhasse em correntes profundas da indiferenciação psíquica. Já o médium seria uma forma de representar a ideia de que o indivíduo "tomado" enquanto corpo humano representa um instrumento a serviço de uma vontade tida como externa (os guias ou orixás). São os que recebem as entidades durante o transe no ritual da Umbanda.

Os três conceitos de Lima estão interligados e interconectados. No entanto, antes que se possa avançar nas discussões acerca das representações presentes no culto a partir da Pombagira, deve-se proceder a uma breve contextualização da Umbanda, de seu surgimento, de sua doutrina e ritualística e, nesta, como se instala o culto à personagem mítica, foco deste estudo.

A Umbanda e sua contextualização

As questões históricas são inevitáveis para se falar sobre a trajetória da Umbanda. Porém, o leitor ou a leitora não devem esperar um aprofundamento maior dessa questão. O intuito deste livro é discorrer acerca do entendimento sobre sua legitimação como religião e sua constituição plural para, posteriormente, chegarmos ao objeto central desta obra, que é a Pombagira.

Não há como falar de religiões afro-brasileiras sem recair na história da participação do negro na composição do povo brasileiro que, no primeiro momento, passou pela escravização. Trata-se do processo que recebe até hoje o nome de colonização, mas está mais próximo da invasão. Um processo similar que ocorreu no continente africano. Seja nas Américas, seja na África, já existiam povos, e isso abre questionamentos em relação ao conceito de colonização. Tanto no continente africano quanto na América do Sul, sobretudo no Brasil, havia habitantes e culturas.

Estima-se um número entre 2 a 5 milhões de pessoas no território brasileiro quando Cabral chegou por aqui, no ano de 1500.

Muitos homens e mulheres cruzaram o atlântico trazendo suas crenças[3]. Pessoas, em sua maioria, oriundas de regiões africanas com culturas próprias e que sofreram o cerceamento da liberdade, tanto na ordem física quanto cultural. Os livros de história mostram o "descobrimento" como um evento. Ele está mais próximo de violações que dos processos de civilidade.

Tais considerações mostram ser relevante pensar no legado deixado pelos antepassados aos seus descendentes e na hereditariedade consciente ou inconscientemente transmitida à grande parte dos brasileiros. Um legado marcado pela resistência aos valores construídos a partir de seus ancestrais. Essa ancestralidade dialoga com inúmeras culturas, porém a que nos interessa é a afro-brasileira, a qual, dentro do contexto dos estudos pós-coloniais, encontra-se na encruzilhada do pensamento africano.

O pesquisador Berkenbrock (1999, p. 76) ressalta que no processo de escravização do negro, aproximadamente cerca de 30 mil indivíduos africanos foram trazidos para o país durante o século XVI. Esse número se ampliou significativamente para mais de 3,6 milhões de pessoas. Desse montante, a maior parte, cerca de 1,2 milhão de escravizados, aportou em Salvador, na Bahia. O segundo maior porto a receber um elevado número de negros foi o do Rio de Janeiro. A partir daí, foram a cultura e a religião que acalmavam os corações torturados. Muitas foram as crenças que vieram do continente africano e serviram para a consolidação de maneiras específicas de cultuar a fé em território brasileiro.

Dentre as religiões afro-brasileiras que compõem o panorama do atual campo religioso, destaca-se a Umbanda. É considerada a mais nova. De acordo com Cumino (2011, p. 83), "a Umbanda foi fundada em solo brasileiro", e é difícil precisar onde, como e quando surgiu. Certo é que essa nova religião nasceu no bojo de um processo de profundas transformações sociais, culturais e econômicas deste país.

Há um consenso, por parte dos intelectuais que vêm estudando e discutindo as religiões afro-brasileiras, de que a Umbanda é originária de duas grandes matrizes de sentido: uma, africana por excelência, o Candomblé; outra, ocidental considerada hegemônica, o Catolicismo.

Além dessas duas grandes vertentes, também há influência das religiosidades indígenas presentes no Brasil. O Espiritismo kardecista também possui importantes contribuições, com sua doutrina pautada na reencarnação, na caridade, na evolução espiritual e no cientificismo. Os cultos esotéricos e orientais também forneceram seus empréstimos no percurso de formação e evolução religiosa da Umbanda, transformando-se, assim, em uma das mais dinâmicas e diversificadas modalidades de experiência religiosa.

Muitos antropólogos, historiadores e cientistas sociais, a exemplo de Darcy Ribeiro e Renato Ortiz, já se preocuparam em compreender e definir a cultura brasileira em suas inúmeras proporções. Os autores concordam que a característica marcante de nossa cultura é a riqueza de sua diversidade, resultado de nosso processo histórico-social e das proporções continentais de nossa territorialidade.

Nesse sentido, o mais correto seria falarmos em "culturas brasileiras", em vez de "cultura brasileira", dada a multiplicidade étnica que colaborou para sua formação. As palavras do antropólogo Darcy Ribeiro[4], em *O Povo Brasileiro: a Formação e o Sentido do Brasil,* mostram o português como invasor e o processo de escravização que envolveu índios e africanos, ambos de diferentes tribos. Há, portanto, uma confluência e um entrechoque. Esse processo ocorre sob o domínio lusitano como cultura hegemônica, mas que não conseguiu silenciar totalmente a dos escravizados. Na religião não foi diferente. Apesar da imposição europeia tentando moldar o modo de vida do seu oprimido, as crenças dessas pessoas se mantiveram vivas. Com o passar dos séculos, muitas modificações ocorreram e empréstimos culturais no sentido religioso a partir do que Darcy Ribeiro chamou de confluências, que serviram para influenciar outras maneiras de cultuar a fé.

Apesar de influências marcantes de outras culturas, a Umbanda se firma como uma religião genuinamente brasileira[5]. Reginaldo Prandi, em *Herdeiras do Axé*, situa a religiosidade sob a perspectiva de evolução social da Macumba[6]. Para ele, seria uma designação "carioca" do culto aos orixás africanos, uma modalidade de religião afro-brasileira, como o Candomblé ou o Batuque. O termo acabou se tornando uma forma pejorativa de se referir à Umbanda e às demais religiões de matriz africana, e, sobretudo, aos despachos (oferendas) feitos por alguns seguidores. Vale lembrar que oferendas fazem parte de muitos ritos religiosos, inclusive nas religiões de matriz cristã quando consagra o pão e o vinho. É uma conexão entre o mundo físico e o metafísico, conforme já disse a pesquisadora Brígida Carla Malandrino.

Há, portanto, uma poesia que mistura o encantamento e o feitiço, em misto de fé e paixão, colocando a Umbanda como uma expressão cultural popular da sociedade. Caboclos, espíritos kardecistas e santos católicos formam seu panteão e pontuam a diversidade cultural religiosa que foi fundada no dia 15 de novembro de 1908, por Zélio de Moraes[7]. Desse modo, a Umbanda tentaria recuperar parte da magia e da força presentes na Macumba, aliando-as a uma nova visão ocidental, social e culturalmente admitida de religiosidade, agora voltada à prática kardecista da caridade. É uma nova leitura do que foi a Macumba.

Com isso, Brown diz que essa foi uma tentativa de colocar uma divisão entre o que seria a Macumba e o que, daí por diante, se denominaria de Umbanda. "O nome Macumba sempre foi associado ao negro, à magia negra e à prática de malefícios" (BROWN *et al.*, 1985, p. 10). O que seria, então, o termo Magia Negra? Seria magia do mal? Que mal?

Raimundo do Rosário: Pai Raí.

O que é bem e o que é mal? Já estamos condicionados a não questionar termos que tenham certo valor atribuído e construído socialmente, mesmo que estejam equivocados em sua etimologia. Palavras dizem muito sobre a história e a cultura de uma sociedade. Quando expressões como "magia negra" se tornam naturais, é um indício de que a opressão e o preconceito estão incorporados à visão de mundo das pessoas. É um senso comum conduzido pela perversidade daqueles que querem legitimar sua crença como única perante os demais que pensam diferente. A violência simbólica se amplia quando algumas expressões são repetidas e disseminadas como maléficas[8]. A maldade não reside em nenhuma oferenda ou culto. Ela reside naquele que quer aniquilar a fé alheia.

Não se pode negar que a religião de Umbanda nasceu da mistura de diversas crenças e a partir da fusão das três vertentes religiosas: Candomblé, Kardecismo e Catolicismo. As entidades cultuadas na Umbanda encontram-se a meio caminho entre os orixás africanos, os espíritos kardecistas e os santos católicos. Segundo Costa (1983), atualmente, os orixás na Umbanda, muito mais do que santos propriamente ditos, são entidades portadoras de grande luz e superioridade, sendo-lhes também atribuído o conceito de "vibração". A Umbanda concebe os orixás como vibrações da natureza. Cada um representa elementos específicos da natureza. Iemanjá está para a vibração das águas salgadas; Iansã, para os raios e os trovões; Oxóssi, para as matas virgens; Nanã, para a vibração da lama primordial, etc. O autor acrescenta que, na concepção umbandista, o orixá seria uma força vibratória, a qual se apossa do médium e utiliza-se de suas "potências humanas" para agir humanamente, como andar, olhar, dançar, conversar, dar orientações e/ou repreender os que lhe procuram no culto. Segundo a ótica umbandista, o orixá, sua vibração, contempla um número infinito de seres que se identificam com a sua esfera de irradiação. "Seres que comungam do tipo, ou qualidade, de sua vibração, sendo por eles comandados." A esse grupo de seres hierarquicamente regidos por cada orixá a Umbanda denominou "falange" (COSTA,1983, p. 373).

Na Umbanda não se incorporam orixás, mas sim os falangeiros[9], que são entidades evoluídas espiritualmente, são vibrações, agrupamento de espíritos que trabalham para determinado orixá. Além desse conceito, também existe o de "linhas" na Umbanda, em que se organizam determinados grupos de entidades. As Sete Linhas da Umbanda são comandadas, cada uma, por um orixá específico. Sob esse determinado comando, encontram-se as entidades relacionadas a essa vibração, agrupadas em diferentes falanges. Há também uma organização em que espíritos e entidades trabalham por um bem comum, seguindo um orixá que atua como uma espécie de chefe. Cada linha possui uma vibração e existe para um propósito, que pode sustentar e influenciar a vida de todos os seres.

Saraceni (2017, p. 12) diz que as sete linhas[10] mais difundidas dentro dos cultos umbandistas mais populares, que não sofreram uma influência acentuadamente esotérica ou cabalísticas, são as essências divinas formadoras do Setenário Sagrado – sete essências, sete orixás e sete sentidos da vida. Pensemos que o número 7 é recorrente em muitas religiões, inclusive no Cristianismo, que considera o dia de descanso de Deus quando criou o mundo. É possível notar que esse número é bem familiar desde o momento da anunciação da religião, quando o espírito que traz a boa nova se identifica como Caboclo das Sete Encruzilhadas, sendo que até hoje é evidente a predominância do número 7 nos nomes usados pelas entidades. As Sete Linhas de Umbanda são as sete vibrações de Deus, e isso, historicamente, só pôde ser entendido a partir da obra de Rubens Saraceni, que fundamentou essa ideia e expôs que nelas cabem todos os orixás.

Seiblitz (1985) também acrescenta que apenas bem mais recentemente a Umbanda incorporou caboclos, pretos-velhos, boiadeiros como componentes de uma dessas falanges de espíritos ligados às vibrações dos respectivos orixás. Tais entidades seriam, ao mesmo tempo, os intermediários entre o fiel e a divindade e, também, seus "prepostos". A autora apresenta outro exemplo de linha na Umbanda que seria composta por sete linhas espirituais – Linha de Iansã: dos ventos e do raios; Linha de Ibeji: das crianças; Linha de Iemanjá: das águas salgadas; Linha de Oxóssi: das matas; Linha de Ogum: da força e do domínio sobre o ferro; Linha de Xangô: da força dos raios e da justiça; Linha de Nanã: da sabedoria dos ancestrais e da vibração da lama, o elemento primordial.

Cabe acrescentar os colaboradores ou espíritos missionários, aqueles que incorporam no terreiro: Pretos-Velhos, Baianos, Marinheiros, Ciganos, Boiadeiros, Caboclos, Crianças ou Ibejada, Exus e Pombagiras. O termo missionário, apesar de ser comumente utilizado em religião ligada ao Cristianismo, é uma palavra também aplicada em diversas crenças, a exemplo da Umbanda. A própria etimologia da palavra advém de missão.

Os colaboradores fazem parte de uma falange comandada por um chefe. Por exemplo: o Caboclo Pena Branca é um chefe de falange, então ele não incorpora em terreiros. Quem incorpora são os falangeiros dele. Pena Branca trabalha para os orixás Oxóssi e Oxalá, que são seus diretores.

Seiblitz (1985) enfatiza que, abaixo dessas entidades, que também se encontram em processo de evolução espiritual, aparecem os menos "evoluídos" e bem mais próximos das vibrações e das paixões terrenas, os Exus e as Pombagiras. Tais entidades, que não podem ser afastadas dos terreiros de Umbanda em virtude do seu ideal de caridade (já que são entidades que necessitam de luz), representam grande força e poder contra demandas, e podem oferecer proteção tanto aos terreiros como aos fiéis. Aqui está um dos muitos pontos que derrubam o discurso de que os Exus e as Pombagiras são a representação do mal.

Silva (1994) lembra que, na Umbanda, Exu, originariamente um orixá mensageiro dos deuses africanos, representa o estereótipo católico associado ao Diabo, à morte e à extrema sexualidade[11]. Exu e Pombagira são entidades míticas que despertam uma mistura de respeito, temor, aversão e curiosidade por parte dos adeptos da Umbanda, como também daqueles que buscam compreender suas diversidades, sentidos e significados que compõem e representam suas imagens.

Segundo Ortiz (1999), a dualidade e a ambivalência, características da religiosidade umbandista, estabelecem dois critérios valorativos claramente definidos em termos ideológicos: o bem na Umbanda e o mal, tendo a Quimbanda[12] como representação apenas. É preciso acrescentar que a Umbanda busca reinterpretar a tradição afro-brasileira, a partir de categorias morais como bem e mal, certo e errado, presentes na sociedade ocidental. Seguindo esse pensamento, seria como afirmar que os orixás da Umbanda são entidades brancas, enquanto Exu e Pombagira são as únicas divindades que conservam ainda traços de seu passado negro. Sugestivamente, eles são associados ao reino das trevas.

Não há uma separação drástica entre Umbanda e Quimbanda em termos de culto, pois a Umbanda encontra formas de correlacioná-las e adaptá-las. Se bem e mal existem, essa modalidade religiosa busca encontrar formas de manipular e transformar o mal em bem na doutrina. É necessário chamar a atenção para o significado da expressão "preto", que sempre está ligada a algo negativo. Por que a cor preta, "negro", possui relação com o mal? Uma das definições encontradas na nossa pesquisa aponta que preto é a ausência de toda cor ou luz e, em todo o mundo, está associado ao mal. É a cor do mistério, da penitência, da condenação, da angústia, e representa o submundo, a luz e a sombra. Por outro lado, se adentramos os simbolismos com base em aspectos técnicos, a cor preta absorve a luz, enquanto a branca rebate.

O branco representa a razão, o belo, o bom, o justo, o bem... a humanidade, ou seja, simboliza os valores sociais desejáveis. Já o negro, em uma significação social perversa, pode representar o feio, o sujo, a treva, a animalidade. Essa razão nos conduz a pensar sobre a oposição branco/negro como a tradução mais acabada de sentimentos profundos gerados pela capacidade e pela incapacidade de simbolizar. Os povos negros, e a própria África, eram descritos, muitas vezes, de maneira ambígua.

Esse enfoque permite dizer que a questão principal do racismo não é o medo do diferente, mas o medo do igual, no sentido da posição social.

O pensamento umbandista, de caráter acentuadamente dualista, simplificou esta hierarquia mística: missionários do bem e missionários do mal. A essa divisão dicotômica corresponde, no cosmos religioso, uma nova separação: Umbanda, prática do bem; Quimbanda, prática do mal. Como descreve Ortiz (1999, p. 133)[13]: "A Quimbanda nada mais é do que a representação do esforço de um pensamento que quer ordenar o mundo segundo critérios morais, sociais e religiosos".

Partindo para a análise e a interpretação do cosmos religioso, é possível notar que as Sete Linhas Rituais da Umbanda assemelha-se às Sete Linhas Rituais da Quimbanda, guiadas pelos seguintes exus: Exu Sete Encruzilhadas, Exu Pombagira, Exu Tiriri, Exu Gira-Mundo, Exu Tranca-Ruas, Exu Marabô e Exu Pinga Fogo.

Cada Exu, no seu plano espiritual, comanda sete chefes de legiões. Por outro lado, eles se comunicam com as linhas da Umbanda, o que torna mais complexa a rede de mensagens divinas. A existência do mundo das trevas, habitado por Exus e Pombagiras, é fundamental para a existência do mundo da luz[14].

Com base nesse tipo de concepção dualista de mundo, a Umbanda, para aceitar trabalhar com os Exus e as Pombagiras, deve doutriná-los. Isso ocorre com a finalidade de que lhes sejam facultadas a entrada e a atuação na luz, como representantes legítimos da noção de dualidade, ambiguidade e transformação. "Exu e Pombagira permeiam e perpassam a Umbanda e a Quimbanda; atuam em uma e em outra, tornando-se quase que um elo entre ambas" (ORTIZ, 1999, p. 133).

Para Montero (1990, p. 176), a ambiguidade, portanto, compõe o universo simbólico e doutrinário umbandista. Essa dualidade voltada ao certo/errado, bem/mal, esquerda/direita, luz/trevas, inferior/superior, além de encontrar-se representada no culto, simboliza também as oposições e os conflitos valorativos constitutivos. Eles estão presentes na própria realidade social mais abrangente, que se espelha ou reflete nessa esfera religiosa.

É necessário compreender que há uma divisão natural no seu universo simbólico. Deuses brancos e negros, masculino e feminino, superior e inferior são elementos catalisadores que promovem certa reorganização hierárquica do mundo, onde, ao mesmo tempo que assimilam valores pertencentes à sociedade na qual se inserem, há também a possibilidade de uma forma de neutralização e/ou inversão desses valores marcados por posições antagônicas.

A definição de mal na Umbanda não é diferente do significado em muitas religiões. Ela trafega muito mais no âmbito filosófico do que no metafísico. O mal está amalgamado a uma (des)construção de valores inerentes ao ser humano e muito distante das divindades. Estas últimas não fazem mal a ninguém, mas têm seus nomes associados às ações maléficas do próprio indivíduo em relação ao outro. Tal ato não é menos comum em outras religiões, quando um fiel brada aos quatro cantos: "Eu tenho fé em Deus que você vai se dar mal". Seguindo na contramão, a Umbanda utiliza muito as "práticas do bem", com a finalidade de sanar os problemas apresentados pelos adeptos. Muitos destes são de ordem psicológica, e não espiritual. Inclusive, há profissionais terapeutas que doam seu tempo para ajudar as pessoas que sinalizam esses males. Isso revela o viés caridoso dos membros da Umbanda no sentido de ajudar o próximo. Esse tipo de caridade, muito praticada na religião, não possui interesses econômicos em sua essência, e segue como prática social sem nenhum tipo de distinção de classe, gênero ou posição dentro da sociedade. O bem ganha *status* de prática no sentido da ajuda a quem precisa. Esse é mais um ponto que desmistifica muitos olhares carregados de preconceitos em relação à Umbanda, sobretudo quando se fala em divindades, como Exus e Pombagiras.

No entanto, nem todo terreiro umbandista aceita a presença de Exus e Pombagiras, somente aqueles mais próximos da influência do Candomblé. Quanto aos orixás, igualmente sua presença é percebida apenas nos terreiros denominados "cruzados", ou seja, que apresentam uma influência mais acentuada da religiosidade africana. Nesses terreiros "cruzados", Exus e Pombagiras são personagens frequentes, admitidos, solicitados, cultuados e respeitados como entidades de força, magia e proteção, ora para fazer o bem, ora para desfazer o mal. É importante destacar aqui que o "mal" não surge inerente a essas entidades, contudo, há prontidão para desfazê-lo em uma espécie de cura espiritual.

De acordo com a tradição umbandista, como já foi dito anteriormente, Exu e Pombagira são as entidades que mais se aproximam da condição humana. Isso é fruto do entendimento de que há uma contínua interação entre eles, com os fiéis e os médiuns. Portanto, já que o imaginário umbandista mergulha na realidade brasileira, é possível que Exu e Pombagira sejam representantes simbólicos dos povos antepassados, indivíduos que existiram na Terra em algum momento da história, ancestrais que protagonizaram rebeliões, mudaram caminhos, guardavam fronteiras e representavam a esperança de dias melhores e, principalmente, de liberdade.

Por trazer em sua constituição a tradição africana, na qual existe a incorporação dos orixás, e a tradição kardecista, com a incorporação de espíritos humanos (mentores que já desencarnaram), é provável que as entidades da Umbanda sejam espíritos humanos que se uniram a uma falange, e retornaram como mentores e guias para auxiliar seus médiuns em sua existência terrena e, por meio deles, buscam amparar seus consulentes (fiéis).

Sendo assim, podemos considerar que, na Umbanda, Exu e Pombagira representam os povos africanos e seus descendentes, que lutaram por sua liberdade e assumiram sua condição de marginais e desvalidos por se revoltarem pela sua condição subalterna.

Ana Cristina de Figueiredo.

A Pombagira

As Pombagiras se revelaram "mulheres", apresentando-se e sendo apresentadas como companheiras de suas médiuns, protetoras e mentoras que participam das mais variadas experiências do cotidiano dessas mulheres. A Pombagira é uma uma mulher decidida, segura, que sabe falar na hora certa, com as palavras adequadas, sem agredir nem ofender. Contudo, conforme mencionamos anteriormente, antes de prosseguir é importante conhecer a gira.

A gira é o principal ritual da Umbanda, proveniente do contato com as entidades cultuadas e os orixás. É um encontro de umbandistas que realizam seus rituais religiosos, e por meio da gira se preparam para receber as entidades espirituais em suas diferentes formas. As giras tanto podem ser abertas ao público quanto ser privadas. Nas giras fechadas, também são ensinados princípios aos médiuns em desenvolvimento (estudantes da religião que pretendem desenvolver sua mediunidade).

Geralmente realizada no terreiro, prepara-se a gira em um ambiente arrumado, o salão limpo, com flores, velas e oferendas para os orixás e todas as entidades cultuadas da casa. Imagens de santos católicos e orixás zelam pelo espaço e pelas pessoas. Aos poucos, os convidados, vestidos de branco e descalços, vão chegando e se acomodando em seus lugares. Algumas cadeiras são colocadas no salão, destinadas a visitantes especiais. No Congá (altar), são postas as oferendas para as entidades. Ao lado do Congá fica a Curimba, grupo de tocadores de atabaques Rum, Rumpi e Lé, nomes dados ao trio de atabaques sagrados da Umbanda. A Curimba é fundamental na gira. Cada orixá evocado tem um toque característico. Os curimbeiros acompanham as vibrações e ditam o ritmo da gira, sendo de extrema importância para manter o lado espiritual elevado e totalmente ativo. Eles são condutores dos sons que harmonizam o transe dos médiuns. No centro do terreiro, em círculo, os médiuns se preparam para iniciar a gira.

Com o ritual iniciado, são feitas preces, saudações e defumação, no espaço e em todos os presentes. Na sequência, todos cantam o Hino da Umbanda e o ponto de abertura da gira. Semelhantemente aos rituais de Candomblé, Exu é o primeiro orixá a ser saudado, a receber as oferendas. Na sequência, canta-se também para Pombagira, pois ambos abrem os caminhos e trazem o equilíbrio para o terreiro. Todos cantam para vários Exus – Capa Preta, Capacete de Aço, Exu Caveira, Tranca Rua, Marabô, Elegbara, Exu Tiriri... Cantam também para as Pombagiras – Dama da Noite, Maria Cecília, Mary Star, Pombagira Cigana, Pombagira das Sete Encruzilhadas, Pombagira Sete Saias, Maria Mulambo, Maria Padilha...

Com as entidades em terra, a gira começa a rodar. Na sequência, após serem suspensas as incorporações de Exus e Pombagiras, começa-se a cantar para os orixás e as entidades cultuadas na Umbanda. Os médiuns participantes da gira que incorporam as entidades permanecem na parte interior da roda. Por intermédio do corpo deles, as entidades se manifestam e se comunicam: de mãos fechadas, braços para trás, corpo inclinado para frente, cada uma a seu modo. As entidades em terra vão até o pai ou a mãe da casa e realizam uma reverência, ajoelham, encostam a cabeça nas mãos que estão postas no chão, repetem a reverência no Congá, na curimba, voltando em seguida para o salão.

Pedro Gustavo Moraes.

Após cantar para todos os orixás e suas entidades, o trabalho é encerrado, e são cantados os pontos para subida ou desincorporação das entidades nos corpos dos médiuns. A gira chega ao fim. Gira na Umbanda é energia, música, dança, espiritualidade e evolução, é limpeza do corpo e da alma, em que se compartilham amor e caridade, bem como nos aproxima da nossa ancestralidade, fazendo com que nos tornemos espíritos mais evoluídos.

Portanto, é importante demonstrar ao leitor o que representa a gira para melhor compreensão sobre o processo ritualístico. No mundo de representações tecido sobre a Pombagira, essa mulher sedutora surgirá com um temperamento autoritário, independente, valente, agressivo, audaz, conquistador, polígamo, infiel e ativo. No contexto brasileiro, tais atributos seguem na direção de uma noção de virilidade. Uma potência feminina cultuada na Umbanda, que, assim como seu correspondente masculino, Exu, é mediadora entre o mundo visível dos homens e o mundo da invisibilidade e da natureza. Logo, para falarmos da orixá Pombagira, é inevitável uma breve elucidação do guardião da Umbanda, Exu, que, segundo Trindade (1981, p. 3), é o "princípio estruturante do universo". Partindo desse pensamento, o autor apresenta essa divindade como um princípio que dinamiza tudo o que há no mundo: a natureza, as relações e a própria existência humana. Segundo Cumino (2018, p. 14), Exu é o "Deus da Boa Sorte e da Prosperidade, das boas oportunidades, é ele que remove os obstáculos na Umbanda". É a representação da força, do poder e da magia na demanda de limpar e remover carregos e cargas negativas nos cultos. Para os umbandistas, ele simboliza a potência sexual masculina, poderoso e sedutor, exercendo prestígio, respeito e temor.

Em resposta às demandas e aos questionamentos de forte conteúdo social e cultural, a Umbanda vem buscando ressaltar a melhor forma de abordar e rever novos enfoques e perspectivas acerca das discussões que envolvem a sexualidade humana. Quando essa discussão recai sobre o feminino, a temática ganha mais destaque e tem se apresentado com mais frequência nos atuais debates da Umbanda, bem como pela sociedade. Trata-se de um novo julgamento moral e cultural que ocupa os espaços sociais onde a mulher busca assumir novos papéis.

De acordo com Teixeira Neto (2007, p. 21), autor umbandista, os trabalhos na Umbanda são marcados pela dualidade, e estão sempre presentes positivo e negativo, macho e fêmea, homem e mulher. Sob esse entendimento, se há Exu que representa o masculino, há também um representante no feminino, um Exu-Mulher.

É interessante mencionar, a partir desse pensamento do autor, o quanto a mulher é responsável por tudo que é mal do ponto de vista religioso. Por meio disso, percebemos que precisava haver um "bode expiatório", e foi encontrada na Pombagira a mulher para assumir esse papel depreciativo.

Cada orixá rege um lado nosso, um ponto positivo e outro negativo, é um campo vibratório que é trabalhado em seus trabalhadores. Também, há um lado passivo e outro ativo; alguns são o masculino ativo e, em outros momentos, o masculino é passivo. Os homens também têm orixás femininos e guias, só que nem sempre vêm em nós. Eles e elas nos ajudam a perceber e aprender a lidar com esses dois lados, bem e mal, para que fiquem em harmonia.

Partindo dessas considerações, o autor afirma que, como a noite precisa do dia para seguir, Exu precisa de uma representação feminina, sendo que "a mulher de Exu ou a fêmea do Exu é, nada mais nada menos, que a Pombagira" (TEIXEIRA NETO, 2007, p. 30).

Alguns conjuntos de valores aprendidos socialmente invadem os muros dos terreiros e deturpam as manifestações dos espíritos que se apresentam como Pombagira. Ela é discriminada por estar ao lado de Exu e por pertencer ao centro negativo, bem como por sua representatividade da sexualidade feminina em uma sociedade marcada por símbolos masculinos. São muitas nomenclaturas e de natureza associativa como Exu-Mulher, o Exu das mulheres, feiticeira, mulher do Diabo, espírito das trevas, ligada à magia, adotando um estereótipo de "mulher da vida", prostituta. Sua representação nos terreiros, por muito tempo, foi de uma mulher de "vida fácil", profissional do sexo, ligada aos prazeres carnais. É a imagem feminina de gargalhada alta, que bebe, fuma e possui associação com as mulheres que fazem sexo profissionalmente e são brutalmente rechaçadas no nível social, pois têm sua liberdade sexual como medidora de sua dignidade. É um local de liberdade de que muitas mulheres gostariam de fazer parte, em uma sociedade marcada por traços e enlaces conservadores. O que é normal na Pombagira pode representar quebra de paradigma social e desejo de quebrar as amarras simbólicas do feminino, duramente castigado pelo patriarcado.

Partindo de pressupostos teóricos previamente estabelecidos nas bibliografias especializadas que caracterizam Pombagira de forma dicotômica, porém exaltando suas características negativas, tentaremos construir uma trajetória que nos levará a compreendê-la de uma forma menos redutiva. A Pombagira é um símbolo presente no complexo cultural das macumbas brasileiras que mais nos desafia. Lançadora de uma amarração de alta sedução, provocação, abuso e desobediência, a Pombagira encanta não somente pelo que ela é, mas principalmente por aquilo que ela recusa a ser.

A sociedade moderna vem passando por transformações, e as mulheres, cada vez mais, vêm se impondo e conquistando novos espaços de atuação. A Pombagira vem sendo compreendida e assumindo o perfil de representação de independência, de liberdade, de força, dona do seu corpo e do seu próprio destino, uma nova imagem que representa a mulher que recusa a dominação masculina.

De acordo com Cumino (2019)[15], se concordarmos com o pensamento de Teixeira Neto abordado anteriormente, seria o mesmo que dizer que a Pombagira é a costela de Exu. O autor ressalta que a narrativa de Eva sair de uma costela de Adão a reduz a algo menor e submisso, a um pedaço do homem, uma devedora de uma parte do corpo dele, e essa dívida foi e é cobrada constantemente das mulheres, mesmo que na dimensão simbólica. Tal narrativa aponta para um caminho de dependência no qual o feminino é colocado em uma posição desprivilegiada em relação ao masculino.

Esse pensamento conduz a uma reflexão de que a Pombagira possui funções e atribuições distintas de um Exu. Trata-se de uma força diferente da que opera sua versão antagônica, mas "tão forte quanto". Por mais que se repita no senso comum, é polêmica e contestável a necessidade de se recorrer ao masculino quando o que se expressa é independência, bem como atividade. Pombagira é mistério e um terreno de estudo que encontra autores umbandistas que conferem a ela o grau de Exu-Mulher por falta de informações e por suas manifestações nas linhas da esquerda, ocupadas por Exu. Essas interpretações, se incertas, não devem ser creditadas, todos foram vítimas da desinformação que suscitou uma forma insólita de descrever as desconhecidas manifestações de entidades que também nada revelaram sobre seus fundamentos.

Saraceni (2017)[16] diz que os cultos afros tradicionais também não possuem informações fundamentadas desse mistério que entrou neles, porque foram médiuns umbandistas que se converteram ao Candomblé e levaram para dentro dos cultos de várias "nações" essa entidade feminina, antes desconhecida.

Em uma tentativa de explicar o surgimento de Pombagira, Augras (2000, p. 17-43) acredita ser possível que o nome Pombagira "resulte de um processo de dissimilação que primeiro transforma Bombonjira em Bombagira, depois em Pombagira"– é válido lembrar que no Candomblé de tradição Bantu, Exu é chamado por Bongbogirá. Não há como determinar, com exatidão, como e onde Pombagira surgiu, segundo Augras (2000). O pensamento do autor aponta para o fato de que, já na década de 1930, Arthur Ramos (1934) ou Édison Carneiro (1937), que escreveram sobre a macumba carioca, não mencionam essa entidade. Contudo, em 1948, Carneiro, em seu livro *Candomblés da Bahia*, faz menção ao nome "Bombojira", termo de invocação a Exu em candomblés de nação congo. A autora lembra ter encontrado o culto à Pombagira estabelecido no Rio de Janeiro em 1961.

Já Saraceni (2017, p. 17) entende que o nome "Pombagira" ou "Pombogira", usados atualmente na Umbanda e nos demais cultos afro-brasileiros, têm origem de uma corruptela de Pambú Njila, o Guardião dos Caminhos e das Encruzilhadas no culto de nação Bantu, da língua quimbundo. Saraceni também traz outra informação que nos revela a Pombogira, ou Pombagira, ou Bombogira, como derivada das "yamins", cultuadas na sociedade matriarcal secreta conhecida como "gelede". O autor ainda contribui apontando que o Pombu Njila estaria para o guardião Bantu semelhante ao Exu Nagô e a Pombagira para a guardiã umbandista, Rainha das Encruzilhadas da Vida e Senhora dos Caminhos, à esquerda dos orixás. Pomba foi um pássaro usado no passado como correio, "os pombo-correios". Gira é movimento, caminhada, deslocamento, volta, giro, etc. (SARACENI, 2017, p. 16).

A literatura sobre a Pombagira disponível hoje na academia ainda possui certa insipiência. Seu surgimento é envolto em mistério, somente suposição e possibilidades podem ser, até o momento, levantadas em torno dessa poderosa divindade. A probabilidade de que tenha havido uma modificação do termo Bombonjira para Bombajira e, posteriormente, Pombagira é apenas suposição que requer uma confirmação. Seria apenas mais uma tentativa de explanação para o surgimento dessa entidade, mas não uma constatação. Decerto, a única certeza é que ela é brasileira, como afirma Saraceni (2017, p. 20): "Pombagira é uma orixá genuinamente brasileira e umbandista".

Prandi (1996, p. 139) utiliza-se da teoria de que a origem da orixá Pombagira surgiu nos terreiros de Candomblé, a partir da fusão de tradições africanas e europeia. O autor também entende que seu nome, Pombagira, seria uma corruptela de Bongbogirá, transformando-se, aos poucos, em uma qualidade de Exu.

Na Umbanda, as Pombagiras também possuem níveis diferentes no sentido evolutivo, assim como os Exus, situando-as como espíritos superiores e espíritos inferiores. Dentro da hierarquia das Guardiãs Pombagiras, existem outras divisões em vários níveis, da mesma forma que as demais legiões. O fato de que uma delas, em alguma encarnação, tivesse passado pela experiência de ser uma prostituta não significa que as Pombagiras tenham sido todas prostitutas e que assim continuam a agir. Integradas à Umbanda, essas entidades realizam a grande reforma íntima por meio da caridade.

Dentre tantas Pombagiras, Farelli (2006) nos apresenta a que mais se destaca e, entre todas, se desponta de maior luz: Maria Padilha[17]. Ela seria uma cortesã europeia da corte de Dom Pedro I de Castela, soberano espanhol da Idade Média que viveu entre 1334 e 1369. Conforme os usos do século XIV, cortesã era um termo para fazer referência às amantes que se associavam a ricos e poderosos nobres que as proviam de luxo e bem-estar, assim como *status* junto à corte, em troca de sua companhia e de seus favores. Popular, Maria Padilha era considerada extremamente bela, sedutora, de voz mansa. Em torno dela existe um mito de que, em vida, teria sido uma figura da história espanhola e amante do rei de Castela. Doña María de Padilla teria conhecido o referido monarca, e sua trajetória histórica de amante de um rei a transformou na mais famosa dentre as Pombagiras. Branca, europeia, linda e de hábitos refinados, assim era Maria Padilha. Em outra versão, Doña Padilla seria a mulher má, que teria parte com a feitiçaria e influenciaria o rei em suas crueldades.

A autora mostra, por um lado, uma Maria Padilha descrita como influente cortesã, de classe alta, uma mulher elegante, uma senhora. Por outro, uma mulher associada ao estereótipo de prostituta, da mulher de rua, que possui atitudes obscenas e linguagem vulgar. Segundo os contos umbandistas, Dona Maria Padilla e Dom Pedro I de Castela seguiram juntos para Olmedo, onde se casaram secretamente. Viveram com certa tranquilidade até que os adversários políticos do rei descobriram que ele havia se casado e passaram a exercer grande pressão, obrigando-o a retomar a relação com sua primeira esposa. Dom Pedro, dessa forma, preferiu manter sua amada distante e a mandou para outras cidades.

Em 1361, a peste bubônica assolou o reino e, para desespero de Dom Pedro I de Castela, fez de Maria Padilla uma de suas vítimas. A princípio, a amante do rei é sepultada em Astudillo, no convento que ela mesma fundou. Dizem que o rei nunca se conformou com essa morte prematura da amada e, um ano depois, declarou diante de todos os nobres da corte de Sevilha que sua única e verdadeira esposa era Maria Padilla.

Foi assim que Maria Padilha sagrou-se como a única esposa de Dom Pedro I de Castela, tornando-se a legítima rainha e exercendo seu poder e influência, mesmo depois de morta. Seu corpo foi transportado para a Capela dos Reis, na Catedral de Sevilha, e seu túmulo é ainda hoje local de peregrinação.

Prandi (1996)[18] constata que as entidades espirituais que trabalham como Pombagira são espíritos de mulheres que se dividem em falanges e seguem uma hierarquia. Essas denominações indicam seu campo de trabalho e os nomes adotados pelos espíritos segundo a Umbanda. Nesse sentido, a entidade que incorpora em um médium pode ou não ser a mesma que incorpora em outro médium. O mais comum para a religião é que não seja assim. Quando o médium é ativo, a entidade trabalha quase exclusivamente com ele, em nível de incorporação, mas pode se comunicar por outras formas mediúnicas com qualquer pessoa.

Pombagira Maria Padilha, por exemplo, incorpora em centenas de médiuns em vários terreiros ao mesmo tempo. Ou seja, vários espíritos pertencem à sua falange. E assim acontece com as outras que são diferentes, como a Falange da Maria Rosa, que não é a mesma da Padilha, que, por sua vez, não é a mesma da Maria Mulambo, etc. Cada vibração espiritual tem sua falange.

Malandrino ainda acrescenta que Exu e Pombagira são vistos como a esquerda, e os orixás e as entidades são vistos como a direita. Entendemos que direita e esquerda foram formas de delimitar o campo de atuação das entidades de Umbanda, talvez com base nas comparações construídas pelo Catolicismo entre santos e demônios. Assim, direita compreende orixás e guias, como pretos-velhos, caboclos, crianças, etc.; e a esquerda, Exus e Pombagiras (MALANDRINO, 2010; LIMA,1997).

A origem dos termos "esquerda" e "direita"[19] apareceu durante a Revolução Francesa, de 1789, e o subsequente império de Napoleão Bonaparte, quando os membros da Assembleia Nacional se dividiam em partidários do rei à direita do presidente e simpatizantes da revolução à sua esquerda. Aqueles que eram leais à religião e ao rei (imperador) ficaram sentados à direita, de modo a evitar os gritos, os juramentos e as indecências que tinham rédea livre no lado oposto, a esquerda.

Entretanto, trazendo para o campo da religião, esquerda passou a ser vista como rejeição, ser contrário, ruim, mas o termo nasceu de uma ideologia política. Na Umbanda, a linha de direita atua no positivo, em questões mais evolutivas do plano espiritual; são espíritos mais evoluídos, a exemplo dos orixás. Já na linha de esquerda, as entidades atuam em um campo vibratório mais denso, onde os espíritos da direita não atuam. São os espíritos que melhor nos entendem, pois conhecem os problemas humanos e estão mais próximos do plano terrestre. E é nessa linha que trabalham os Exus e Pombagiras.

Ambos, como já foi dito, no imaginário de seus seguidores, representam liberdade, força, virilidade, beleza, sensualidade, configurando figuras de sedução, de espíritos investidos com imagens de perigo, tentação e desejo. Importante destacar que são também trabalhadores incansáveis, "mensageiros, guardiões dos humanos".

Na doutrina umbandista, é importante enfatizar que o que é bom ou mau depende sempre do contexto e dos olhos de quem vê. Essa dualidade está alicerçada em uma formação moral dos sujeitos e distante das entidades.

Pombagira vem passando ao longo do tempo por algumas mudanças na sua compreensão, em razão de novos valores que a sociedade global vem adquirindo. Isto é, por conta das transformações pelas quais o contexto social brasileiro vem passando, em termos religiosos, com maior diversidade de cultos, sociais, culturais, relacionados a padrões de valores e condutas morais mais amplas.

Alguns terreiros de Umbanda vêm adquirindo um processo de doutrinação, convertendo uma Pombagira "boa", pacífica, evoluída, que chega ao terreiro para fazer o bem e ajudar quem dela necessita.

Quércia Andrade.

Um novo perfil de Pombagira tem sido identificado na atualidade por dirigentes de terreiros, adeptos e autores religiosos, em que ela vem assumindo, aos poucos, a imagem de mulher transgressora, livre, forte, segura de si, de seu corpo e sua sexualidade. O livro *Pombagira, a Deusa - Mulher Igual Você*,[20] do autor umbandista Alexandre Cumino (2019), traz um convite para repensar a manifestação do arquétipo das Pombagiras. Começa a surgir uma nova representação de Pombagira, ainda que não de forma generalizada nos terreiros.

Trata-se de uma nova tipologia de mulher, transgressora, independente, moderna, que sabe lutar, que sabe o que quer. Porém, ainda, não é este o estereótipo mais propagado e o que prevalece quando se fala da Pombagira. Ela representa a possibilidade de uma nova proposta de imagem feminina, livre, corajosa, irreverente, alegre.

Pombagira, na Umbanda, tem-se tornado a imagem e o símbolo de mulher sexualizada, forte e independente, está assentada à esquerda, ao lado dos Exus; seus símbolos nos terreiros estão localizados próximos à entrada, "ao povo de rua", aos guardiões, aos protetores da casa. Pelo que parece, não é uma entidade de primeiro escalão, de "luz", mas trabalha também na luz. Pombagira indistintamente atende a todos, basta agradá-la.

Pombagira é isto: é falange, é o prazer intenso, é o gozo, é a personificação do que sempre foi contido e represado na sexualidade; é entidade das trevas e, também, da luz. Pombagira é um mistério que se abriu por inteiro na Umbanda e cada vez mais tem se tornado difícil fundamentá-la e decifrá-la. Em *Notas sobre o Culto aos Orixás e Voduns na Bahia de Todos os Santos, no Brasil, e na Antiga Costa dos Escravos, na África*, Pierre Verger[21] apresenta uma descrição inconclusiva, assim como muito autores. Entretanto, ele concorda com a perspectiva de libertação feminina, também anunciada por muitos autores e umbandistas.

Pesquisar o culto à Pombagira quer dizer conhecer e entender as frustrações de parte da sociedade, em que os valores tradicionais de uma moralidade ocidental cristã não satisfazem. Pombagira, na atualidade, ainda simboliza precisamente isto, o que há de mais sensual, devasso, irreverente, descontrolada e ostensiva, sob o ponto de vista moral de uma sociedade ainda conservadora. Ela faz parte de uma ancestralidade[22] acorrentada e açoitada, e pertence a um passado de dor que teve suas crenças silenciadas, mas jamais apagadas.

Pombagira existe, é "real" e poderosa. Pombagira exala sedução, exala magia, irreverência; exala humanidade. Resta, contudo, identificar quem de fato é e o que representa hoje esta entidade nos terreiros de Umbanda. Sua aparição tem seus primeiros registros em terreiros de Umbanda no Rio de Janeiro, em torno da década de 1960, daí, disseminando-se para o Candomblé. Para o umbandista, a referida entidade busca trabalhar para o bem, mas executa também aquilo que lhe pedem. Assim, a prática do mal, que é relacionado à Pombagira, estaria nos desejos daqueles que se utilizam de sua força e poder para a realização dos seus pedidos.

Em contraponto às primeiras publicações, em que parte dos autores relacionava a Pombagira a Exu e a seu lado feminino, Exu-Mulher, a entidade vem sendo atualmente compreendida e ressignificada, assumindo o perfil de representação de liberdade, força e independência quanto à sua divindade feminina.

No próximo capítulo, será apresentado como a sociedade interpreta a representação da Pombagira e seus símbolos. Tem como objetivo analisar e compreender a construção da representação da entidade Pombagira no Universo da Umbanda, tendo como foco as distintas interpretações e significados presentes na construção da representação dessa entidade pela religião, pelos seus membros e pela sociedade em geral.

Monica Gomes.

A Gira está chegando ao fim, Pombagira canta seu ponto favorito para subir: "Vai mulher, vai passear, vai mulher, vai passear, numa noite tão bonita, numa noite de luar..." [ponto cantado]. Dança no terreirão com sua saia rodada, roda, roda, roda... Deixa o seu *asè* para seus filhos; dá sua última pitada na cigarrilha, bebe seu último gole de vinho e gargalha, bem alto.

Essa é sua despedida. Todos saúdam a moça bonita: "Laroyê, Pombagira! Pombagira ê Mojuba!"[23]

A Gira chega ao fim.

"Eu fecho nossa gira por Deus e nossa Senhora, eu fecho nossa gira Samdorê pemba de Angola"... [ponto cantado]

Capítulo 2

Representação Simbólica da Pombagira na Sociedade

A busca pelas representações simbólicas da Pombagira está associada a uma diversidade de manifestações. Elas fazem parte tanto do espaço ritualístico quanto cotidiano. Há muitos estudos voltados à formação de identidades culturais e representações sociais dentro do campo do saber. Pensadores, como Stuart Hall, Anthony Giddens, Clifford Geertzs, Zygmunt Bauman e muitos outros, deram suas contribuições para olhares mais apurados acerca da cultura e da identidade. Tais estudos são relevantes para melhor compreensão em relação à divindade Pombagira dentro de uma sociedade marcada por lutas sociais e, consequentemente, religiosas. Contudo, há novos olhares sobre a temática a partir de pesquisadores contemporâneos que fundaram seus alicerces teóricos em conhecimentos produzidos ao longo da história sob as lentes da Sociologia, Antropologia e até mesmo da Psicologia.

O objetivo deste capítulo é a caracterização da Pombagira e suas configurações no imaginário social e de seus adeptos. Tentarei descrever as funções atribuídas a essa entidade, seu poder, as saudações, o simbolismo, a representação iconográfica, as oferendas, seus domínios, locais atribuídos, enfim, algumas particularidades que revelarão a visão da sociedade no que concerne à divindade e a descrição daquilo que ela de fato representa.

Já vimos que a Pombagira, no imaginário afro-brasileiro, é considerada Exu-Mulher por parte de umbandistas e muitos autores. Ela representa a transgressão ostensiva de normas e condutas a partir de uma sociedade conservadora que a associa a uma entidade demoníaca, sendo que o demônio apontado em religiões cristãs nem sequer existe na Umbanda e no Candomblé. A ausência da representação do mal para os cristãos inexiste na maioria das religiões espalhadas pelo mundo. Independentemente da inserção desse ser nos escritos bíblicos, por sua existência simbólica para direcionar os fiéis para os caminhos considerados corretos pelo magistério da Igreja, cabe-nos aqui respeitar. Isso não esvazia críticas que se distanciarão da fé, mas se aproximarão do sentido conferido pelos cristãos aos muitos panteões de divindades de outras religiões. Não será diferente com a Umbanda. É uma forma de tentar resolver equívocos epistemológicos contruídos ao longo de séculos em relação aos deuses que estão fora do livro sagrado para os seguidores de Cristo. O que segue na contramão dos que conservam os valores cristãos instituídos social e até politicamente (escolha de livros bíblicos em concílios) passa a ganhar *status* divergentes que vão em direção àquilo considerado incorreto. Os códigos que regem a conduta da Pombagira são um exemplo disso.

Segundo Isaia e Manoel (2012, p. 180), sendo representante "de medo e fascínio, desejo e repulsa", assim como Exu, a entidade Pombagira possui capacidade para o mal e para o bem, corporificando as mulheres sedutoras e provocantes. Elas são equivocadamente associadas a uma periculosidade que é a tradução do medo que possivelmente é omitido por muitos homens em relação a mulheres fortes e independentes. Muitas delas, na Idade Média, padeceram em uma fogueira que chamavam de santa, mas essa santidade pode ser associada à insanidade de alguns mentores da fé cristã que não aceitavam a fala feminina. Essas mulheres eram mortas no arder das chamas, enquanto um dos dez mandamentos da lei de Deus era: "Não matarás". Uma contradição apoiada no argumento da purificação ou punição que era sentenciada por homens da fé. Cabe-nos, portanto, refletir que as mulheres eram coibidas de muitas atitudes a partir do medo. Entretanto, nada poderia punir seus pensamentos, desde que esses não fossem externados.

Pensemos que, independentemente da religião, os seres humanos têm suas necessidades e desejos. Aqueles proibidos podem ser realizados no pensamento ou até mesmo na clandestinidade. Contudo, tais comportamentos reprimidos podem emergir, a depender do agente promotor. O álcool pode ser citado como exemplo.

Com comportamento similar ao de algumas mulheres ditas conservadoras, quando estão em festas e atingem um alto nível etílico, as Pombagiras vestidas com sedas e babados, adornadas com joias coloridas e armadas com punhais, entre goles de champanhe, conhaque ou cachaça, entre palavrões e gargalhadas, conversam com seus consulentes e negociam seus serviços em troca de pagamentos que as satisfaçam. Na materialização dos espíritos e seus poderes nas histórias, as Pombagiras são frequentemente associadas a acusações de criminalidade.

Os autores ainda acrescentam que Pombagira é associada ao cemitério, à encruzilhada e à morte. As Pombagiras são frequentemente descritas como espíritos "menos evoluídos", com capacidade ilimitada para o mal, mesmo quando executam trabalhos para o bem (trabalho significa a própria interferência mágica dos espíritos no dia a dia). "Identificadas como prostitutas, as Pombagiras são caracterizadas por uma marcante sexualidade, pelo falar carregado de palavrões e referências ao corpo erotizado, e pelo gosto pela bebida e pela riqueza" (ISAIA; MANOEL, 2012, p. 180-181).

Não é o intuito desta obra defender, confrontar ou negar teorias ou mitos sobre essa entidade. O objetivo é compreender o quanto as características indicadas como sendo de Pombagira dialogam com as dos seres humanos, com relação aos atributos e às características que pertencem a ela. Tomemos a fala dos autores Isaia e Manoel (2012), quando trazem a questão do uso de palavrões pela Pombagira. Em 2022, vimos muitas mulheres cristãs trajando as cores do Brasil e soltando palavrões como se fossem música para os ouvidos de todos os manifestantes na frente dos quartéis. Se elas falam palavrões é porque são Pombagiras também? Ou as Pombagiras estão naquele meio? Neste ponto, podemos perceber mais um equívoco que busca desqualificar o sexo feminino a partir de um componente de natureza afetiva. Entre falas, atos e gestos, temos pontos convergentes que são negados pelos seguidores da Bíblia.

É necessário pontuar que será impossível descrever todos os atributos, porém, este projeto tenta especificar um pouco desse mistério, apoiando-se principalmente nas literaturas acadêmicas, nos depoimentos dos entrevistados e em algumas escritas que possuem linguagem informal, sem sofisticações teóricas.

Para iniciar a investigação, vamos entender o significado do seu nome: Pomba[25] nos faz lembrar a ave que simboliza a paz dentro de uma perspectiva cristã. Contudo, a visão pagã segue na direção do amor (ponto convergente com o Cristianismo), mas também abarca a perspectiva carnal e a sexualidade. Estas últimas fazem parte da essência humana, mas são assuntos de pouca ou quase nenhuma exposição por parte dos conservadores. Os atos ocorrem, porém, dentro da instituição do casamento ou longe da sociedade via clandestinidade. Há um aprisionamento por meio de grilhões simbólicos e instituídos por um éthos religioso. Portanto, a pomba representa o metafísico, o espírito santo, mas também é fonte de amor e desejo.

Chevalier e Gheerbrant (2012) acrescentam que o segundo nome dessa entidade, Gira, tem outros significados além do ato de girar, dar um passeio, uma volta, uma dança.

Essa nomenclatura também se aplica aos trabalhos do terreiro, nos quais os médiuns se põem a rodar antes de estarem incorporados pelas entidades. A palavra também está ligada à roda da fortuna, que simboliza as alternâncias do destino, as contingências da vida, a sorte ou o azar, as ascensões e os riscos de queda, as flutuações, a instabilidade permanente e o eterno retorno.

A roda gira representando as mortes sucessivas, os nascimentos e os renascimentos. Trata-se, portanto, de um termo oriundo de um idioma subsaariano denominado *bantu*. A *njila* ou *njira* remete ao girar no idioma africano.

Sendo assim, a junção pomba + gira constitui o nome da entidade e carrega as características atribuídas a ela: sabedoria, poder, harmonia, esperança, encontro da felicidade, amor, instintos sexuais, princípio vital, as alternâncias do destino, instabilidade, no masculino e no feminino, vida e morte. Estamos falando dos atributos da Pombagira, mas é preciso pontuar sua ligação com Exu.

Percebemos que grande parte da literatura sobre o assunto indica que Pombagira é a contrapartida de Exu, ou vista como um Exu feminino, portanto, sempre ligada à figura do masculino. Isso revela olhares ainda dominados por valores patriarcais.

É nesse momento que se faz relevante trazer para a discussão a figura de Lilith. Segundo a mitologia, ela foi a primeira mulher a exigir a igualdade em relação aos homens. Representa um processo emancipador do feminino, com grande ímpeto sexual, marginalizada por suas atitudes e por ter quebrado a suposta harmonia primordial entre o masculino e feminino, que coloca a mulher em posições desfavoráveis em relação ao homem. Tal perspectiva teve impacto no sentido da determinação do curso da cultura e da civilização. Foi um impacto, mesmo que discreto, mas que acabou forjando um código ético e de conduta nitidamente pautado na figura masculina. O mito de Lilith revela uma posição emancipada da mulher em um contexto social no qual o homem é colocado em uma posição de superioridade. O mito é datado do século XVII, período renascentista, em que ocorreu uma atenuação no que tange aos dogmas religiosos da Igreja Católica. Há diversas interpretações acerca de Lilith, contudo, ela é narrada como mulher forte e igual a Adão, e foi criada da mesma forma que o primeiro homem da Bíblia e não de uma costela. Tal representatividade pode ter sido remetida aos séculos XVIII e XIX a.C., na cultura mesopotâmica, por intermédio da deusa Inana como divindade associada ao amor e ao erotismo. Mais tarde, influenciou o desenvolvimento de Afrodite pelos gregos. Inana estava mais próxima da dominação do que da submissão. Posteriormente, o Antigo Testamento, no livro de Gênesis, aponta Eva como criatura criada por Deus para servir de companhia para Adão. Ela não foi criada da mesma maneira que seu companheiro, e isso causou um direcionamento à submissão feminina a partir das narrativas bíblicas. Lilith, por sua vez, é negada nas escrituras escolhidas em concílios, pois ela estaria bem distante da dominação masculina e seria detentora do conhecimento. Sua proximidade é bem mais próxima de Inana, que possui asas e está associada às corujas – aves soberanas na noite e que trazem consigo astúcia, mistério, inteligência e sabedoria, conforme mostra a imagem a seguir. Robles (2006)[26] ainda complementa, apresentando uma Lilith questionadora que também quer desfrutar do prazer do amor, assim como os homens.

Estátua babilônica em terracota, 2000 a.C.-1500 a.C.

Portanto, assim como Lilith está mais próxima de Inana, Pombagira pode ser considerada uma ressignificação mítica de Lilith. Essa proximidade talvez traga algumas ameaças implícitas no imaginário coletivo, pois muitos estudos criaram uma imagem estereotipada e ambígua de meretriz para Pombagira, que possui a capacidade de sedução e o exercício de uma sexualidade de valores duvidosos, representando assim uma ameaça à dominação masculina.

Por outro lado, é uma fina dama perdida na busca de prazeres considerados mundanos. Apesar de não possuir honra, no sentido conservador da palavra, tem a beleza que encanta.

Pombagira, no imaginário popular, representa a mulher intensa, provocadora, audaciosa, autêntica, mas que foi demonizada. Ela leva até as sombras do inconsciente as dimensões do afeto, da compaixão, da proteção. Para alguns, a entidade conduz as pessoas às trevas do abismo.

Após falarmos sobre esses elementos simbólicos, concordamos com Prates (2010, p. 7), quando expressa que: "podemos pensar alegoricamente o modelo de Pombagira atrelado ao de Lilith, pois ela representa outra fase arquetípica feminina, na qual o desejo não é para ser reprimindo".

Dessa forma, se Lilith é excluída em um contexto social marcado por uma dominação paternalista com alicerces cristãos, a Umbanda a acolhe e a reconhece como Pombagira. Nesse sentido, Cumino (2019, p. 42) ainda complementa dizendo que: "a Umbanda não apenas a acolhe, mas também cultua, louva, reverencia, invoca, chama, e incorpora seu poder e mistério". A religião faz referência a ela como mulher tão livre quanto os homens. Esse é um ponto importante a ser levado em consideração em nossa análise para evitar equívocos mais adiante: a produção de sentido. "O homem é um ser que procura o sentido. E para satisfazer esta necessidade de sentido, cria o sentido" (CASTORIADIS, 2007, p.16). O autor traz importante contribuição, apontando que os seres humanos nascem, vivem e morrem no simbólico. Trata-se de um magma de significados que estão sempre em ebulição e em constante transformação, mas as crenças são atuantes, assim como um magma solidificado como uma rocha. Esse fenômeno social ligado à fé passa por produções de sentidos que são a essência do ser humano.

Portanto, dentro de um magma de significados, é possível perceber variadas associações à entidade, conforme já foi mencionado. Considerá-la Exu-Mulher é minimizar seu potencial de poder.

A Pombagira, na perspectiva do sincretismo religioso católico, simboliza a encarnação do pecado original, pois se opõe à submissão imposta pelo homem, assim como Eva foi em relação a Adão, caracterizada como um simples apêndice dele. Sua suposta promiscuidade vai além da propagação do mal no mundo, passando a ser a representação da tentação mais temível do demônio, segundo a crença judaico-cristã. Uma definição que se encontra no imaginário do tradicional umbandista[27].

Tancredo da Silva Pinto, em seu livro *A Origem da Umbanda*, relaciona a criação da humanidade a Pombagira e Exu. Segundo o autor, convocados por Zambi (Deus), Pombagira e Exu contariam as boas-novas do novo planeta, agentes mágicos universais, que até hoje são os intermediários entre os homens e os orixás. "Não queiram mal a Exu e Pombagira, pois nunca é demais lembrar que, independentemente de nossa vontade, está a vontade de Zambi (Deus)" (PINTO, 1970, p. 60). Essa premissa trafega na contramão de alguns religiosos, conduzindo a conceitos equivocados e lastreados em um magistério que não é o da Umbanda. A direção oposta conduz, muitas vezes, a uma análise ou a um julgamento enviesado que pode ser constatado. Em entrevista, o pastor da Igreja Adventista do Sétimo Dia ressaltou:

> *Pra mim, a Pombagira é o mal, pois ela não traz nada de bom. Pelo que eu sei, pelo que eu já li, ela não traz paz à família; se não traz paz, não é divino. Ela fuma, bebe; ainda dizem que ela tem que viver livre. Nós não podemos viver totalmente livres, porque nós temos um Deus que nos guia. Para a Igreja Adventista, a Pombagira é atrelada a vícios e à prostituição.*

As palavras do religioso revelam uma linha dogmática e combativa, que se contrapõe aos ensinamentos aprendidos na Igreja. Pensemos que esses mesmos ensinamentos trilham um caminho antagônico e que eliminam o diferente, colocando-o na perspectiva do que é considerado maldito. Curiosamente, a fala do pastor não aponta nenhuma evidência, a não ser a crença dele. Nem mesmo o livro sagrado para os cristãos foi citado para legitimar suas palavras. Há, portanto, uma dualidade dentro de um discurso de alteridade do "nós e eles". O bem e o mal passam a ser uma questão de ponto de vista, tanto do contexto quanto de quem julga. Isso não quer dizer que o julgamento seja correto ou incorreto. Vejamos, por exemplo, que o que não é de Deus passa a ser do Diabo. O julgamento, neste ponto, recai sobre a representação de uma mulher livre por meio de uma entidade.

Teixeira Neto (2007), em sua obra intitulada *A Magia e os Encantos de Pombagira*, também traz uma representação diabólica acerca da imagem da entidade, quando afirma que, por intermédio da literatura religiosa, ela representa o mal e encontra-se sob as ordens do diabo *Syrach* (Exu Calunga)[28]. O autor a classifica como poderosa e perigosa, que se tornou inclusive mulher de sete Exus, sendo o único Exu feminino em uma falange de outros 17 deles.

Já Cumino (2019, p. 70) contrapõe o autor, quando diz que Pombagira é uma deusa, e representa conexão e consciência de si mesma, da natureza e de sua divindade interior e exterior. Portanto, existe na concepção do autor um pensamento consolidado que mostra o quanto Pombagira encontra-se no íntimo, no interno, uma conexão de dentro para fora. Para Prandi (1996, p. 140), "Pombagira é o espírito de uma mulher que em vida teria sido uma prostituta ou cortesã, mulher de baixos princípios morais, capaz de dominar os homens por suas proezas sexuais, amante do luxo, do dinheiro e de toda a sorte de prazeres". O que são princípios morais, senão aqueles instituídos por um determinado grupo social? Esses modos comportamentais são éthos que devem ser seguidos para que um indivíduo seja aceito ou incluído dentro de um grupo social. Durante muitos séculos, o sexo, considerado lazer, só era permitido aos homens. Para as mulheres, restava o ato meramente procriador. Uma mulher que anda na contramão de tais valores é imediatamente julgada pelos seguidores dos princípios opostos ao que ela decidiu desfrutar. Quando se fala em Exu-Mulher, é o mesmo que apontar para uma mulher com atitudes comumente executadas por homens. Pensemos que Maria Madalena, enquanto mulher, não possuía os mesmos princípios de Maria, a mãe de Jesus. Inclusive, foi colocada em uma posição de prostituição, mesmo que equivocadamente.

Nesta perspectiva, Prandi (1996) ainda ressalta que Pombagira é um Exu, ou melhor, um Exu-Mulher, como ela mesma gosta de ser chamada. "Como Exu, ela compõe um riquíssimo e muito variado panteão de diabos, em que ela não somente aparece como um dos Exus, mas também é casada com pelo menos um deles" (PRANDI, 1996, p. 144).

Tal ponto também é discutido por Cumino (2019), associando essa afirmação do autor citado como uma linguagem de sentido figurado[29].

Essa figuração aproxima ainda mais a Pombagira de Exu, pois está dentro de uma perspectiva modelar de negação ou afirmação comportamental, atrelada à sexualidade. Contudo, os valores patriarcais atuam como elementos condenatórios de tal *modus operandi*. Entretanto, quando se trata do masculino, são permissivos.

Para a cultura judaico-cristã, o feminino é composto por duas matrizes: a pura e a pecadora. Mais uma vez, retornemos à dualidade entre o bem e o mal.

Por um lado, tem-se a Virgem Maria, pura, que também toma outras formas e é objeto de diversas versões de santidade, perfeição e bondade. Acima de tudo, é um modelo moralizador para as mulheres destinadas a serem mães e a verem sua sexualidade reprimida. Valores cristãos, mesmo simbólicos e com grande componente afetivo, ainda hoje dominam a razão e a moral de grande parte da sociedade.

Por outro lado, há a mulher pecadora e causadora de todos os vícios, a grande prostituta, a intitulada na coloquialidade de *puta*. Cabe indicar uma breve trajetória sobre o surgimento do termo prostituição na história.

Segundo Robert (1992), em seu trabalho intitulado *As Prostitutas na História*, a Grécia foi o primeiro país a cafetinar mulheres. Na vida social da Atenas clássica, as mulheres foram, sistematicamente, perdendo direitos. Os responsáveis por isso foram vários ditadores do sexo masculino, dentre os quais se destaca Sólon, no século VI a.C. Pensemos a prostituição como atividade econômica com várias causas sociais. Portanto, classificar uma mulher como meretriz, somente por suas atitudes libertadoras, é o mesmo que afundar em um poço de ignorância. Obviamente, essa premissa não afastava uma mulher da Antiguidade ou da Idade Média de se tornar uma "mulher da vida", mas não por questões morais, e sim pela exclusão e por falta de recursos para a sobrevivência.

Este pensamento levou a sociedade da época a dividir as mulheres em duas categorias: esposas ou prostitutas. Qualquer mulher que tentasse ter uma vida independente de um homem – as estrangeiras, as pobres e as escravas – era enquadrada na segunda categoria, o que, muitas vezes, de fato acontecia, pois possuía poucas opções de sobrevivência além da prostituição.

Robert (1992) ainda diz que, em 1100 a.C., os assírios elaboraram as primeiras leis que continham regras de conduta para as prostitutas, determinando que tipo de roupas deveriam vestir e proibindo-as de fazer uso do véu (símbolo da submissão da esposa ao marido), sob pena de receberem 50 chibatadas e terem piche derramado sobre suas cabeças caso as descumprissem. Já no Velho Testamento, há narrativas que são direcionadas ao ataque à prostituição e a qualquer mulher que fugisse das normas de virgindade, casamento e submissão ao homem, sustentando-se na ideia, baseada na figura de Eva, de que a autonomia sexual feminina era a origem de todo o mal da humanidade.

Pereira (2005) complementa, em sua obra *A Origem do Sexo*, que no Brasil no século XIX a maioria das prostitutas da corte imperial era constituída por mulheres escravizadas negras, de modo que, para as escravizadas, a prostituição misturava-se a uma variedade de serviços domésticos. Segundo o autor, o auge da prostituição teria sido na década de 1930, destacando-se, naquela época, o Rio de Janeiro, que tinha as estrangeiras como composição majoritária da categoria. Gilberto Freyre, em *Casa-Grande & Senzala*, mostra a relação de domínio masculino, já que tanto as escravizadas quanto esposa e agregados deviam obediência ao senhor de engenho. Um modelo social e perverso que se perpetuou por muito tempo, no qual alguns membros da família procuravam a empregada doméstica para suas aventuras na clandestinidade, muitas vezes abusivas ou coercivas, explorando sua vulnerabilidade e falta de poder na hierarquia social. Isso reflete uma dinâmica desigual e a falta de consentimento dessas mulheres, que frequentemente se viam em situações desconfortáveis e injustas. Essa prática é amplamente condenada na atualidade, mas historicamente foi tolerada em virtude das desigualdades sociais e do machismo.

Alguns pais ainda incentivavam os filhos a terem suas primeiras experiências sexuais com sua funcionária contratada para os afazeres da casa. E daí se forma um aliciador aos moldes do período colonial, já falado neste livro.

Pereira (2005) ainda ressalta que, em algumas passagens bíblicas, o ato da prostituição é considerado uma abominação ao Senhor. Essa afirmação do autor encontra-se no Velho Testamento: "Não haverá prostituta dentre as filhas de Israel; nem haverá sodomita dentre os filhos de Israel. Não trarás o salário da prostituta nem preço de um sodomita à casa do Senhor teu Deus por qualquer voto; porque ambos são igualmente abominação ao Senhor teu Deus" (Deuteronômio 23:17,18). Pensemos, portanto, que o mesmo homem que cria a prostituta é aquele que a abomina. Esse ato criador e perverso se dá por questões sociais já apontadas anteriormente.

É possível perceber, nesse contexto, que culturalmente a Pombagira carrega aspectos censuráveis e culturais dentro do pensamento humano e perverso com relação ao feminino. A maldição ocorre em razão do desvio de princípios sociais instituídos por homens e que destitui a mulher, em uma perspectiva de igualdade de desejos e vontades. A repressão passou a ser um caminho para a dominação masculina e para o afastamento de comportamentos libertadores, intelectuais e sociais das mulheres, os quais as aproximam, igualam aos homens e conferem hegemonia ao feminino. Pombagira é isso e representa um incômodo. Também por isso ela é amaldiçoada, pois seria mais fácil excluir do que discutir intelectualmente.

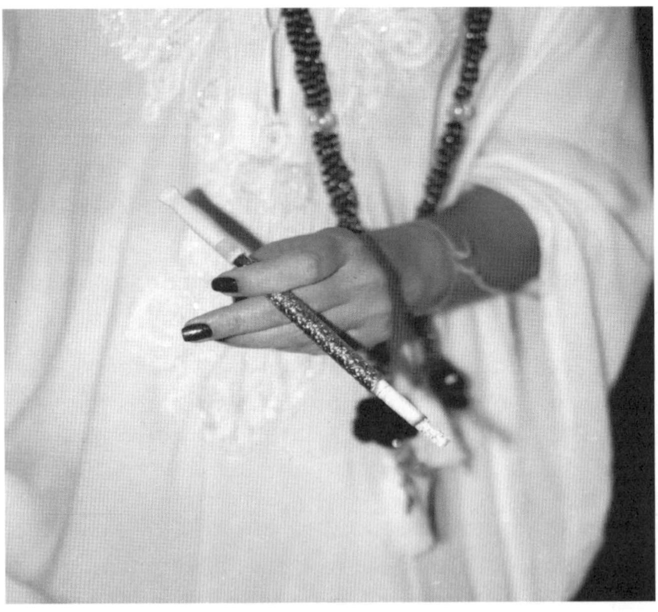

É só pedir que ela dá

Encontramos em nossa sociedade pessoas com inclinações tanto para o bem quanto para o mal, e aqui não queremos estabelecer critérios sobre o que é bom ou ruim com base em valores socialmente construídos, deixando para o campo da Filosofia um aprofundamento ainda maior acerca dessa questão.

A Pombagira representa, arquetipicamente falando, valores inerentes aos da sociedade em que vivemos. Ambivalente por natureza, além de todos os aspectos negativos, possui a força, a vitalidade, a sabedoria e representa a liberdade. A antropóloga Stefania Capone (2009), em sua obra intitulada *A Busca da África no Candomblé: Tradição e Poder no Brasil*, ressalta a ambiguidade da Pombagira, dizendo que sua representação é discutida por muitos autores como a versão feminina de Exu. Apesar de a autora utilizar termos inapropriados para os dias atuais, a exemplo de "magia negra", para fazer alusão ao mal, isso não esvazia as ideias da antropóloga em relação à Pombagira dentro de uma concepção de fé. Ela ainda argumenta no sentido de colocar Exu como único orixá sobrevivente das tradições africanas. Nesse sentido, ele ocupa posição de centralidade no que diz respeito à organização do espaço, assim como no Candomblé. Talvez por isso muitas interpretações tenham emergido colocando a Pombagira como Exu-Mulher. As Pombagiras assumem um papel similar ao dele, e recebem o estereótipo de promiscuas, perigosas, feiticeiras e diabas. Capone (2009) complementa, ainda, apontando a encarnação da Pombagira como processo de dramatização do poder feminino, com importantes atribuições sexuais. Em geral, segundo a antropóloga, ela só incorpora em mulheres e homossexuais, dando-lhes aquela liberdade que a sociedade cerceou. Tal premissa trafega nas raias do preconceito de gênero, se direcionarmos à Umbanda. Tanto uma mulher pode incorporar Exu quanto a incorporação da Pombagira em um homem não pode ser direcionada a um julgamento voltado à homossexualidade. Esse pensamento destaca a importância de separar as práticas espirituais, como a incorporação de entidades Exu ou Pombagira, da orientação sexual das pessoas. A incorporação é uma parte fundamental de muitas tradições espirituais e não deve ser usada como um julgamento da orientação sexual de alguém. Ela está ligada à espiritualidade e às crenças individuais, e não deve ser interpretada como uma indicação de sexualidade. Respeitar a diversidade de crenças e orientações sexuais é essencial para construir uma sociedade inclusiva e tolerante.

Marcus Figueirêdo.

Já Barros (2015) correlaciona símbolos iconográficos, como os chifres encontrados nas imagens simbólicas de Exu e Pombagira, com a natureza, e a associa à virilidade do macho. Já no sentido da Pombagira, há um modelo associativo feminino ligado ao sagrado com fortes referências às rosas vermelhas. Essas flores citadas por Barros são encontradas tanto nas imagens como em nomes de Pombagiras, como Sete Rosas e Rosa Caveira.

Em território brasileiro, Exu e Pombagira passam por uma significativa transformação. Seus símbolos fálicos dão lugar a tridentes, enquanto suas peles e cores avermelhadas representam a tonalidade do inferno, tal como construído dentro do Cristianismo (associado ao fogo). Frequentemente, rituais incluem elementos como patas e comidas de bode, com esse animal sendo um dos símbolos satânicos na cultura cristã. Adicionalmente, à sua representação são acrescentados rabos e orelhas pontiagudas. Essa iconografia foi construída na Idade Média, a partir de entidades consideradas pagãs, e que o Catolicismo da época tentou apagar com um discurso direcionado para o mal.

Silva (2015) aponta que Exu e Pombagira são retratados por meio de estátuas de gesso nos terreiros e que representam exatamente o imaginário descrito por Barros anteriormente:

> *Essas estátuas reproduzem no Brasil contemporâneo uma confluência entre as representações do Diabo presentes nas gravuras europeias da Idade Média e a visão europeia do Exu africano que foi elaborada desde a época do contato e atravessou o Atlântico em direção à América (SILVA, 2015, p. 59).*

Quando os primeiros colonizadores europeus chegaram aos territórios africanos, eles encontraram o culto aos orixás. Esses propagandistas cristãos tinham objetivos de cristianizar os africanos. Quando viram altares em formato fálico, logo deram significações a seus cultos, imputando a algo demoníaco. O Catolicismo é uma religião que aboliu a sexualidade humana e é marcado por dogmas. Exu e Pombagira receberam a pecha de Diabo e não se livraram dela. "O ser humano cria significações ao se articular com a sociedade, por sua vez, instituidora de sentidos e instituída por sentidos que são também criações" (CASTORIADIS, 2007, p. 14-15).

Com base em todos os atributos simbólicos referidos às entidades citadas por Silva, o pensamento de Castoriadis vai ao encontro da visão de mundo do umbandista, fortemente influenciada por questões impostas na sociedade durante séculos. A marginalização das Pombagiras, bem como a dos Exus e de outras entidades da linha de esquerda, propagou-se não só no discurso, mas também nas representações imagéticas. Elas são carregadas de misticismo e significados que são mantidos até os dias atuais.

A Pombagira tem grande importância nos terreiros de Umbanda, possui posição de destaque que, embora muitas vezes negativa, a coloca em condição de limiaridade e diferença, talvez seja isso que a faça tão misteriosa e imprevisível. Por ser guia fronteiriça, representante da ambiguidade e viver sempre no limiar, possivelmente, desperta nas pessoas tanto medo como admiração e respeito.

Como já descrevemos anteriormente, Prandi (2001) ressalta que a Umbanda surgiu de um movimento dialético e ambíguo. Fronteiriça por natureza, possui essa legítima representante, mensageira entre o ser humano e os orixás, que guarda os mistérios. "Mistérios sobre os destinos dos homens, mulheres e crianças e sobre os caminhos de cada um na luta cotidiana contra os infortúnios que a todo momento ameaçam cada um de nós" (PRANDI, 2001, p. 17).

Com isso, a dualidade citada pelo autor destaca que o culto da Pombagira na Umbanda só consegue se manter por ser uma religião que se preocupou e buscou aliar o culto aos orixás e sua relação de troca entre homem e divindade, adaptando-os a padrões e valores de uma moralidade cristã pautada em conceitos, como bem e mal. Em razão disso, os umbandistas viram-se obrigados a distinguir, diferenciar e desenvolver panteões separados para se adequar a essa nova situação, em que surgem entidades de luz e entidades das trevas.

Pombagira, geralmente denominada na Umbanda "povos de rua", é utilizada como agente mágico de atuação em diversos assuntos do mundo material: dinheiro, relacionamentos, negócios de qualquer natureza, vinganças, saúde, prosperidade, etc. Mundo material esse que não se difere de outras religiões.

Alvarenga (2006, p. 45 e 54), ao abordar "povo de rua", explica que no caso da Umbanda são espíritos (eguns) que já estiveram encarnados e, quando vivos, eram marginalizados e segregados pela sociedade abastada, mas que transitavam com facilidade na boemia e em seus meandros, onde entraram em contato com a essência de muitas pessoas e diversos estilos de vida.

Prandi (2001) esclarece que a Umbanda é uma religião de espíritos de humanos que um dia viveram na Terra, como guias. Embora os orixás sejam reverenciados, são os guias que fazem os trabalhos mágicos, são eles os responsáveis pela dinâmica das celebrações rituais.

Podemos constatar que o trabalho mágico que a Pombagira realiza possui muito poder, como é descrito por autores e adeptos da religião, assim como por todas as demais entidades. Pombagira desce nos terreiros para trabalhar, suas giras ocorrem normalmente por volta da meia-noite de segunda ou sexta-feira, mas isso varia de terreiro para terreiro. Ela atende a todos que a procuram para se consultar e, mediante sua força e magia, busca resolver o que lhe é solicitado. Isso faz parte do ideal de caridade e evolução espiritual proposto por essa religião. Mas, antes, Pombagira estabelece "seu preço", já que a troca é condição inerente à relação com essa entidade. Ela trabalha e desfaz feitiços (ou demandas, como seus adeptos dizem) e até recebe por isso.

Contudo, o que observamos é que são as mulheres as que mais se consultam com Pombagira, mas não há uma estatística precisa sobre isso para que se possa afirmar com segurança. Nas sessões, essas consultas geralmente se realizam quando a Pombagira se encontra incorporada em algum médium no salão, de forma coletiva. Se o consulente desejar, esse contato pode se realizar de modo mais reservado em algum canto do terreiro, onde se possa conversar mais abertamente sobre o assunto.

Dependendo do grau de dificuldade do pedido, ou da demanda a ser travada, pode a referida dama pedir um buquê de suas flores prediletas, uma garrafa de sua bebida de preferência, champanhe, conhaque ou cachaça, ou uma peça de vestuário para torná-la mais bonita no terreiro.

Prandi (1996) diz que a Umbanda praticamente eliminou o sacrifício ritual de animais, por isso Pombagira tem sua "dieta" limitada.[30]

O ato de fazer oferendas é muito antigo. Desde a Antiguidade, quando pouco se sabia sobre os fenômenos da natureza, como chuva, vento, sol ou mesmo sobre as estações do ano, fazia-se oferenda para agradecer pela chuva, por exemplo, que fertilizava os campos agrícolas, ou ao Deus indígena Tupã, para agradecer pelo nascimento diário do sol.

De acordo com Ronaldo Linares (2016), os hebreus acreditavam que era necessário oferecer sacrifícios para uma entidade suprema, a exemplo de Deus, como forma de pedido de proteção. Muitos cordeiros foram sacrificados e oferecidos para a entidade suprema.

O Islamismo, fundado pelo profeta Maomé, tem como evento religioso mais importante a Festa do Sacrifício, que marca o fim da peregrinação anual dos muçulmanos a Meca, quando alguns animais são sacrificados como símbolo da disponibilidade de Abraão em sacrificar seu filho Ismael para o Deus Alá.

No Candomblé, seguindo a tradição iorubá, cultuada no continente africano e trazida pelos negros escravizados ao Brasil, a imolação dos animais acontece para alimentar os ancestrais, e essa mesma energia protege e alimenta os fiéis. Na Umbanda, a premissa principal é o respeito à natureza, por isso a oferenda deve respeitá-la.

Cumino (2019) complementa que a oferenda para o umbandista nada mais é do que um ato de amor e fé. Deve ser feita com respeito e devoção. "Nenhuma vela, flor, bebida ou oferenda pode agradar mais que a sua verdade, amor e dedicação sincera" (CUMINO, 2019, p. 66). A Pombagira está na encruzilhada de três pontas e em todos os triângulos que abrem a possibilidade de espaço físico, geométrico e mágico. O autor também esclarece que as Pombagiras vivem em diversos lugares, entre eles a praia, símbolo de liberdade, sensualidade, alegria e felicidade. Também vive nas estradas, porque são caminhos; nos cemitérios, para lembrar que são mortas. Podem também viver em bares e cabarés, mas o lugar principal da sua saudação é a encruzilhada, que aponta possibilidades de direções.

As Pombagiras, junto aos Exus, são saudadas nas encruzilhadas, lugares em que se cruzam dois caminhos, abrindo possibilidades, para elas mais especificamente a encruzilhada em T, aquela que abre apenas três caminhos. A encruzilhada em T possui uma opção a menos que a específica do homem. Portanto, nos parece que ela está destinada a possuir seu lugar específico no mundo, assinalado com menos possibilidades. De modo geral, a maioria das Pombagiras recebe oferendas (ebó) nas encruzilhadas em forma de T. Há de se ter bastante cautela quanto a isso, para que o neófito nesse tipo de atividade religiosa não confunda as encruzilhadas e arrie (deixar) as oferendas de Pombagira nas destinadas a Exu. É quizila[31] certa. Todas as encruzilhadas abertas pertencem a Exu (CUMINO, 2019, p. 66).

As imagens a seguir podem ser explicativas no que diz respeito ao formato da encruzilhada em T, bem com o posicionamento das oferendas.

IMAGEM 1

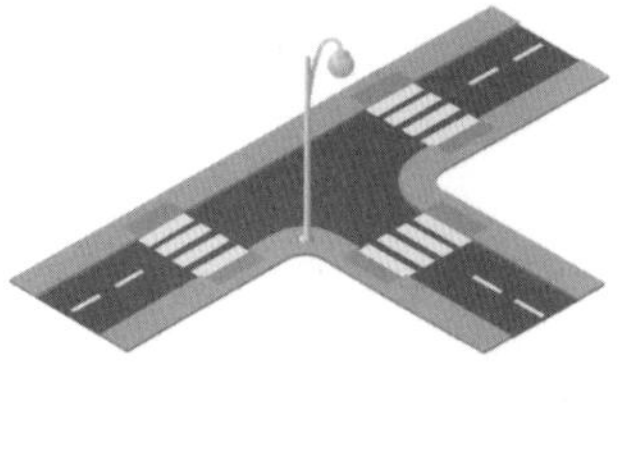

IMAGEM 2

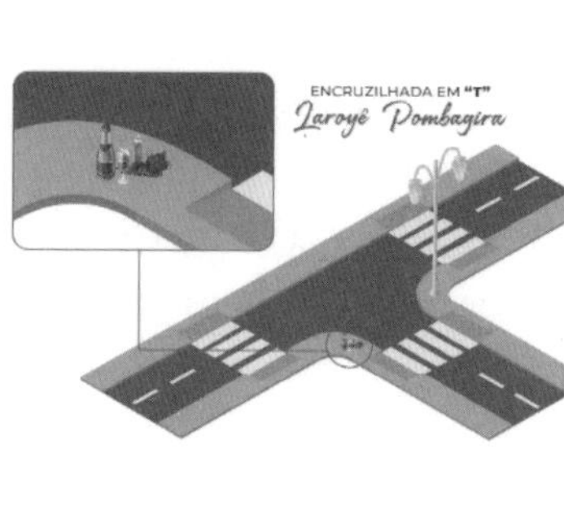

O ato de saudação à Pombagira é o cumprimento que o umbandista presta ao longo dos rituais, mostrando respeito e dedicação às forças manifestas. Todo espírito saudado corretamente se manifesta com maior cordialidade. As principais saudações usadas no culto à Pombagira possuem raízes africanas. São palavras que expressam múltiplos significados e geram energia pela carga ancestral que carregam.

A forma como as palavras são entoadas também interfere nas descargas energéticas dentro dos locais de culto, pois a "palavra-som" é poder, modifica o ambiente e provoca reações no corpo e na mente dos adeptos. "As saudações de Pombagira conectam os adeptos com as forças além da matéria", como explica Silva[32] (2015). *Laroiê Pombagira* significa reverência à entidade.

Enquanto alguns temem a Pombagira, chamam-na de perigosa, influente, maldosa, capaz de feitiços e amarrações, outros se sentem fascinados pelo seu poder de sedução, pelo seu conhecimento de feitiçaria que lhe permite obter qualquer coisa em matéria de amor e relacionamentos.

Alguns homens demonstram não gostar de incorporar a Pombagira, porque ela os remete a seu lado feminino, que muitos tendem a negar. Já outros relatam amar a oportunidade de exteriorizar seu lado feminino, sorrir, falar, gargalhar e gesticular como mulher. Cabe lembrar que o modelo de masculino e feminino é um cânone instituído socialmente, segundo Castoriadis (2007, p. 14): "O imaginário social cria a linguagem, as instituições e os costumes". Contudo, a cultura também pode ser considerada um meio instituído, mas também instituinte.

Esse pensamento nos convida a ponderar sobre como a sociedade molda nossas ideias de masculinidade e feminilidade. Ele ressalta que esses padrões não são inatos, mas construções sociais. Como expresso na frase: "O imaginário social cria a linguagem, as instituições e os costumes", isso implica que nossas concepções de gênero são influenciadas e formatadas por regras e expectativas sociais.

No entanto, é importante lembrar que a cultura não é apenas imposta; ela também tem o poder de criar e transformar. Isso significa que, apesar de a sociedade impor certos conceitos sobre o que é ser masculino ou feminino, as pessoas têm a capacidade de desafiar e redefinir essas normas culturais. A cultura não é estática. As mudanças na compreensão de gênero podem ser impulsionadas pelas ações e pela resistência das pessoas em relação às normas estabelecidas. Portanto, ao refletir sobre como a cultura influencia nossas ideias de gênero, somos encorajados a questionar e transformar esses modelos para formas mais inclusivas e justas.

Davi Araujo.

De fato, a Pombagira gargalha, canta, xinga, usa vocabulário chulo, às vezes vulgar, quebra todas as barreiras, os tabus e expressa aquilo que não se ousa expressar.

Cumino (2019) ressalta que sempre foi e é um drama a relação do homem com a Pombagira, muitos têm o preconceito de se afirmar femininos ao ter contato com ela[33].

Esse pensamento destaca um drama persistente na relação do homem com a entidade espiritual Pombagira. Muitas vezes, há um preconceito enraizado que faz com que alguns indivíduos se sintam desconfortáveis ou relutantes em se relacionar com essa energia espiritual, com medo de serem percebidos como femininos.

É importante reconhecer que a espiritualidade não deve ser limitada por estereótipos de gênero. A Pombagira, como qualquer outra entidade espiritual, é uma representação de forças e energias que podem ser acessadas por qualquer pessoa, independentemente de seu gênero. Superar esses preconceitos é essencial para uma espiritualidade mais enriquecedora, em que as pessoas possam explorar livremente as diferentes manifestações do sagrado, sem medo de julgamentos com base em seu gênero.

Uma das maiores referências sexuais da Pombagira é a rosa vermelha. Essa flor é constantemente citada pelos seus adeptos como representativa da sensualidade e da sexualidade. É o presente que ela mais gosta de receber. As rosas abertas representam a sexualidade à flor da pele.

Taiane Macedo: Mãe Tai.

Ela é moça bonita

Nas suas práticas religiosas, as Pombagiras ou as moças, também assim chamadas carinhosamente pelos seguidores das religiões de matriz africana, trajam vestidos, saias e blusas nas cores vermelha, preta ou dourada. Em alguns terreiros não há essa caracterização, ficando todos os trabalhadores vestidos de branco.

Ainda em termos simbólicos, Ribeiro (1995) e Teixeira Neto (2007) dizem que a literatura religiosa se refere aos significados das cores preto e vermelho, características de Pombagira, como sendo o preto representativo das trevas à qual pertence enquanto Exu, e o vermelho simbolizando a guerra, as demandas e as disputas que foram ou são travadas, além do sangue derramado.

Pombagira não vem somente para trabalhar, ela vem também para se divertir, dançar e ser apreciada nas suas festas. Como já mencionado, em seus cultos, costuma-se cantar pontos, que são músicas para chamar essas entidades. Em um deles, temos:

> *dói, dói, dói, dói, dói*
> *um amor faz sofrer, desamor faz chorar, dói, dói, dói...*
> *dói, dói, dói, dói, dói*
> *um amor faz sofrer, desamor faz chorar*
> [Ponto cantado]

A música, no ritual, é elemento fundamental para o umbandista, assim como em toda ordenação da religiosidade afro-brasileira. Toda estrutura dos rituais baseia-se na música. Os "pontos", como são chamados os cânticos, são rezas, doutrina, e propiciam o movimento, demarcam momentos distintos, anunciam as presenças, enfim, provocam e desenvolvem o ritual. Nas giras dedicadas à Pombagira, inicialmente são saudados os Exus; após a presença dos Exus, homenageados com seus "pontos", a presença das Pombagiras é anunciada: "Arreda homem que aí vem mulher/ela é a Pombagira, rainha do Cabaré" [ponto cantado].

É interessante mencionar, a partir do pensamento de Prandi (2005), que Pombagira assegura o acesso às dimensões mais próximas do mundo da natureza, dos instintos, das pulsões sexuais, das aspirações e dos desejos inconfessos. Seu culto revela esse lado "menos nobre" da concepção popular de mundo e de agir no mundo.

Para quem é adepto, as religiões afro-brasileiras aceitam o mundo como ele é. Este mundo é considerado o lugar onde todas as realizações pessoais são moralmente desejáveis e possíveis. Cada um deve lutar para que seus desejos se realizem, pois é por meio da realização humana que os orixás ficam mais fortes. Sua força sagrada transformadora, o *asè*, cresce, e eles, assim, podem nos ajudar ainda mais. O empenho em ser feliz não pode hesitar diante de nenhuma barreira, mesmo que a felicidade de um implique o infortúnio do outro, porque o mundo é assim!

O código de moralidade dessas religiões, como já foi dito, dá mais importância à relação de lealdade e reciprocidade entre o fiel e suas divindades ou entidades espirituais do que a dos homens entre si, como membros de uma comunidade humana unida e solidária.

Enquanto as religiões cristãs são consideradas repressoras e inculcadoras do sentimento de culpa e de pecado, as religiões afro-brasileiras são com frequência vistas como religiões que regem a liberdade da personalidade; não se crê na instituição pecado, nem em premiação ou punição após a morte. Tudo acontece aqui, nesta vida. Não fazem parte de seu ideário, nem de suas práticas rituais, o acobertamento e o aniquilamento das paixões humanas de toda natureza, por mais recônditas e inomináveis que sejam elas.

Na luta de homens e mulheres que procuram a ajuda das Pombagiras para a realização de seus anseios mais íntimos, Pombagira representa, sem dúvida, um importante enaltecimento da intimidade de cada um, pois para ela não existe desejo proibido, nem inspiração inalcançável, nem fantasia censurável.

Pombagira é uma manifestação mediúnica, como já citamos, e nesta manifestação inúmeras ações lhe são características. Entre elas estão o girar, o gargalhar, o balançar a saia, entre outros.

Silva (2015, p. 78) ressalta que cada elemento gestual que por ela é apresentado está revestido de uma simbologia e de um significado que dizem respeito ao equilíbrio, à movimentação de energias e à sua afirmação no imaginário popular: "Assim, cada gesto diz o que diz porque é também resultante de uma história, de interações e de interferências".

Augras (2000, p. 36) ainda pontua que talvez seja por isso que essa figura mítica é mulher de muitos nomes, pois representa inúmeras damas, senhoras, moças e as repressões vivenciadas por elas, por ser a própria personificação de "tudo o que é considerado marginal na sociedade brasileira". A autora ainda diz que é compreensível entender por que

Pombagira vive na limiaridade e oferece meios de expressão aos que foram silenciados por sua condição de subalternidade, seja psíquica ou moral.

Será impossível abarcar todas as inúmeras particularidades da Pombagira. Exporemos, então, algumas das suas características com base na pesquisa aqui apresentada:

Área de atuação – função atribuída: Proteção, amor, esperança, instintos sexuais, prazer, harmonia no amor, dificuldades financeiras, negócios, relacionamentos, trabalhos de vinganças, amarrações de cura, saúde, prosperidade, vida, liberdade.

Cores: Vermelho e preto. Algumas incluem a cor dourada ou roupas coloridas e estampadas, dependendo da linha de trabalho.

Estereótipo: Prostituta, caracterizada por uma marcante sexualidade, sedutora, provocante e perigosa, gosto pela bebida e pela riqueza. Tem poder de sedução, persuasão, é estimulador da vida e do prazer em todos os sentidos; caracteriza-se por espontaneidade, fertilidade, sensualidade.

Espaço místico: Cemitério, encruzilhada em T, entrada dos terreiros, porteira, praias, matas, bares, cabarés e estradas.

Oferenda, comida, ferramentas: Galinha vermelha, cabra, cigarro, champanhe, cigarrilha, bebidas, velas vermelhas e brancas, doces, mel, vinho, licor de anis, flores, rosas vermelhas, pois representam paixão. Joias douradas, batons, perfumes, espelhos, leques, moedas e cosméticos.

Representação, poder: Beleza, sensualidade, perigo, tentação, desejo, medo, fascínio, repulsa, vitalidade, sabedoria e amor. Símbolo de força, livre e selvagem.

Saudacão: Laroiê, Pombagira! Pombagira ê Mojubá!

Vestimenta: Vestidos e saias com sedas e babados, adornadas com joias coloridas.

Iconografia Umbanda:

Pombagira Dona da Noite.

Iconografia Umbanda:

Pombagira Maria Mulambo.

Iconografia Umbanda: Pombagira Sete Saias e Exu Sete Facadas.

Iconografia Umbanda: Pombagira Maria Cecília.

Como foi visto, a Pombagira representa luz, ou seja, é a portadora da luminosidade do universo, dentro das religiões afro-brasileiras, clarificando as ideias libertárias para quem se encontra nas trevas da ignorância e da submissão, sob o jugo da opressão e da dominação masculina. Nesse sentido, caracteriza-se como a subversora da ordem estabelecida, rompendo os modelos impostos que, desde os primórdios, vêm sendo desconstruídos ao longo dos tempos. Ela representa o princípio primordial da insubmissão, da recusa, das quebras de paradigmas, das escolhas, da libido. Pombagira é indominável, indomável e livre, a senhora de si mesma que vivencia também o desejo de conhecimento, que propiciaria o poder de argumentação e da livre escolha.

Brasileira, europeia ou africana, Pombagira é múltipla. O poder e a força de sua representação simbólica compreendem e assimilam qualquer cultura, em qualquer época, pois o poder sexual feminino é parte constitutiva à condição humana.

Heterogênea e complexa, cada elemento seu tem uma significação próprio, e assume caracteres particulares e distintos.

Assim é a representação de Pombagira na Umbanda: Exu, diaba, Bombojira, bruxa, feiticeira, egum, prostituta, mulher. Cada um a vê e a cultua segundo seu entendimento e sistema próprio de significação simbólica. Para quem a procura e nela crê, Pombagira é poderosa, entende o que seus adeptos querem e buscam dela, compreende seus anseios mais íntimos e velados, e a todos Pombagira responde.

Parte-se da premissa de que o processo de demonização da Pombagira cumpre especialmente uma função de opressão e desmonte do universo representacional simbólico e cultural.

Este capítulo pretendeu refletir sobre a enigmática figura desta que é a mais intrigante das entidades. Pensaremos o mistério que envolve esta força e refletiremos a relação de Pombagira com os pressupostos depreciadores que sustentam a discriminação, que serve de engrenagem para a intolerância religiosa. No próximo capítulo, será abordada a intolerância religiosa com a Pombagira na Umbanda.

Salve as moças!

Laroyê!

Capítulo 3

A Intolerância Religiosa Contra a Pombagira e a Umbanda

A fala sobre a Pombagira e a Umbanda não se distancia de discussões voltadas à intolerância religiosa. Esse é um tema que ainda divide opiniões, mas que deve ser levado em conta quando se trata de divindades antagônicas àquelas da religião do intolerante.

As religiões de matriz africana sofrem, desde o período dos "descobrimentos" até os dias atuais, as mais diversas discriminações. A difamação e a demonização são alguns dos principais problemas enfrentados pelos seguidores de Umbanda, Candomblé e outras crenças.

Constata-se que cresce a cada dia o desrespeito entre alguns grupos religiosos em nosso país, como será visto mais adiante, por meio de matérias jornalísticas. Percebe-se que esse tipo de atitude é resultado de uma construção histórica. A intolerância religiosa entre os grupos não é um fenômeno que teve origem na atualidade. Porém, a liberdade de crença é um direito humano internacionalmente reconhecido pela Unesco.[34] Sendo assim, a intolerância religiosa viola esse direito, é uma ameaça à democracia e à paz.

Ferro (1996), em seu trabalho *História das Colonizações*, mostra que no universo simbólico, imaginário e cultural de negros e índios não havia uma entidade que representasse o mal em sua totalidade. Essa aculturação só foi possível pelas adaptações e pelas distorções ocorridas no arcabouço original. Partindo do pensamento do autor, é importante ressaltar que, desde a Idade Média, o Cristianismo apontou o Diabo como instituição que representa o mal, uma entidade antagônica ao pensamento dominante e religioso.

A representatividade do mal recaiu em muitas culturas que eram consideradas pagãs pela Igreja. De acordo com Oliveira (2009), a demonização da Pombagira e das demais entidades cultuadas na Umbanda se insere nesses esforços, pois é uma prática política e cultural que, no Brasil, constituiu-se em um processo recorrente de destituição e distorção do universo simbólico, imaginário, cultural e discursivo de negros e índios, bem como de grupos não hegemônicos na sociedade. Esse desmonte é mais vantajoso ao opressor que a tentativa de extinguir ou anular o oprimido. Era e é considerado muito melhor converter alguém ao seu dogma do que simplesmente aniquilar a pessoa. A tentativa frustrada de conversão pode gerar uma violação ao que as entidades representam para religiões de matrizes africanas.

O estranhamento da figura e do papel da Pombagira e sua proximidade com a vida humana, especialmente a sexualidade e o poder, a tornaram um dos focos principais dessa opressão. Para o umbandista, a dualidade, a diversidade e a complexidade da Pombagira, embora fosse sua riqueza, eram também o motivo que possivelmente proporcionou sua demonização por parte de outras religiões. Entretanto, alguns umbandistas também já comungaram desse pensamento.

É na entidade Pombagira que são agrupados os aspectos mais contraditórios e deliberados da ação nefasta da intolerância religiosa nos métodos atuais do neoconservadorismo[35], e são elas (Pombagiras) que permitem também compreender a complexidade e a dinâmica do universo simbólico, imaginário e cultural da Umbanda. Elas são consideradas entidades mágicas que compõem uma linha de força que trabalha junto às energias mais pesadas e poderosas do mundo espiritual daqueles que acreditam.

As Pombagiras, conforme dito nos capítulos anteriores, são caracterizadas nas representações escritas ou nas imagens por mulheres perigosas, demoníacas ou por prostitutas. Evidencia-se, assim, a repressão de uma sexualidade proibida, contaminada com a opressão. Há o medo e o desejo colocados em uma oposição ainda maior, trazendo aspectos mais significativos ao processo de demonização, como a prostituição e sua representação de liberdade.

Na trajetória da Umbanda, a religião possui um histórico de sofrer intolerância desde sua fundação. As perseguições quanto à sua origem e influências de formação por parte dos kardecistas, e por religiões ligadas ao Cristianismo, são evidentes. Mais do que as questões religiosas, há uma ligação com a sua origem socioeconômica. A questão da intolerância religiosa e do preconceito contra a Pombagira e a Umbanda fere as diretrizes da Constituição Federal de 1988 e da Declaração dos Direitos Humanos de 1948. A própria religião umbandista teve um primeiro momento a partir de uma intolerância. Para mostrar isso, recorremos novamente a Cumino (2011), em seu trabalho *História da Umbanda.*[36] A primeira manifestação do espírito do Caboclo das Sete Encruzilhadas ocorreu em 1908, por meio do médium Zélio de Moraes. Aconteceu durante uma sessão de trabalhos espíritas kardecistas, como já foi dito. O autor descreve que o espírito de um indígena não encontrou espaço para trabalhar dentro da doutrina kardecista por ser considerado atrasado. Por isso foi criada a Umbanda, para receber a manifestação de espíritos de luz para a prática da caridade, independentemente de eles se identificarem como espíritos de brancos (médicos, jesuítas) ou como espíritos de negros, indígenas ou ciganos.

Cabe destacar que, por trabalhar com esses espíritos considerados "inferiores", os kardecistas combatiam a Umbanda.

Mãe Bel.

Capítulo 4

O Embranquecimento da Umbanda

O preconceito de cor não deixou de ser introduzido no Espiritismo brasileiro. Já o observamos, quando dissemos que os médiuns que trabalham com a linha índia (indígena), ou a linha africana, foram tachados de baixos espíritos por cultuar espíritos inferiores. Isso pode ser explicado sob a luz da antropologia de Roger Bastide (1971),[37] quando ele traduz o injusto combate dos kardecistas aos umbandistas no passado.

A intolerância torna-se uma ameaça à democracia pelo fato de não reconhecer a pluralidade e a diversidade cultural e religiosa da Umbanda e, possivelmente, das outras religiões afro-brasileiras.

Nesse sentido, religiões afro-brasileiras são consideradas mediúnicas, tal qual o Kardecismo. Esse ponto começa a revelar uma multietnia, a qual Silva e Ribeiro (2007) apontam em seu trabalho, intitulado *Intolerância Religiosa e Direitos Humanos: Mapeamentos de Intolerância*.[38]

Vê-se, portanto,[38] que os autores falam da diversidade das religiões de matriz africana. Entretanto, é importante ressaltar que o que eles chamam de escravos africanos, neste trabalho, podemos entender como escravizados africanos, pois ninguém nasce escravo, e sim é escravizado por outras pessoas. Escravo não é uma condição, escravo é uma imposição.

De acordo com Renato Ortiz (1999), parte de uma interpretação da evolução da Umbanda é vinculada a dois fenômenos distintos: o branqueamento do culto e o empretecimento de algumas práticas espirituais. Também podemos verificar o preconceito contra a influência africanista e indígena da Umbanda, durante o Primeiro Congresso Brasileiro do Espiritismo de Umbanda, em 1941, em que um grupo de umbandistas vindos do Kardecismo defendia o "embranquecimento" da religião, com a instituição da linha da Umbanda Pura, sem influências das religiões africanas e dos ritos indígenas.

Branqueamento do culto teria sido um termo para explicitar o fato de que, para ascender socialmente, o negro teria de, como única alternativa, aceitar os valores impostos pelo "mundo branco". Para tal, vê-se obrigado a recusar todos os valores ou conceitos que o remetessem às tradições afro-brasileiras. Trata-se de uma tentativa de silenciamento cultural.

A esta "ação de embranquecer" haveria, segundo o autor, o desejo do negro de "embranquecer", entendido como um "complexo de inferioridade" do negro diante do branco.

Complementando o pensamento do autor, tal complexo seria consequência da histórica posição subjugada em que o povo negro foi colocado na sociedade brasileira, especialmente em virtude do cruel sistema de escravidão. A religião praticada era muitas vezes a imposta pelos senhores brancos, frequentemente o Cristianismo.

Ortiz (1999) complementa, a respeito do conceito de branqueamento do culto, que este se refere também ao processo de empobrecimento e exclusão social a que foi levado grande contingente das várias camadas e estratos sociais que compunham uma emergente e industrializada sociedade urbana do pós-1930. Esse processo avolumou uma classe social urbana de pauperizados que aglutinava brancos, negros, mestiços, brasileiros e imigrantes europeus, os quais, igualados na miséria e na desgraça econômica e social, foram, aos poucos, inserindo-se e se irmanando em uma modalidade religiosa, mais aberta e "mágica", que os aceitava e a eles também se adaptava.

À medida que este novo contingente de brancos pobres foi incorporado às religiões de matriz afro-brasileira, estas passaram a assumir também novas demandas e influências religiosas trazidas por este novo grupo de adeptos, dentre as quais, notadamente, as provenientes da doutrina católica e kardecista, que, aos poucos, foram modificando e transformando suas práticas. Com o tempo, esses brancos que adentraram o culto foram, gradativamente, conquistando mais espaço, chegando a assumir funções de destaque e vindo a se tornar, por vezes, até dirigentes. Tal fato pode ser visto ainda nos dias atuais.

Assim entendido, para Ortiz, branqueamento seria também uma presença física acentuada de brancos e mestiços junto aos cultos afro-brasileiros, que produziu, com o tempo, "uma desagregação da memória coletiva negra" (ORTIZ, 1999, p. 31-40). Por outro lado, houve também um processo de empretecimento em que uma parcela da camada social branca resgata a cultura afro-brasileira. Enquanto o branqueamento anula, o empretecimento agrega.

Desse modo, a Umbanda reproduziria, em suas transformações, as próprias contradições da sociedade urbana brasileira, tornando-se uma síntese das contradições do pensamento religioso nacional, ao dispor, em seu culto, de elementos gerados tanto pelo fenômeno do embranquecimento como pelo "empretecimento" de alguns aspectos ligados às manifestações religiosas.

O sistema de repressão acontecia inicialmente de fora para dentro, mas com o passar dos anos, no processo de diversidade da Umbanda, observou-se um movimento no sentido oposto, ou seja, a legitimação de conceitos próximos aos dos opressores pelas comunidades umbandistas.

Em alguns terreiros de Umbanda, ainda prevalecem resquícios de preconceito, sobretudo com as entidades de trabalho da linha de esquerda, como a Pombagira. Muitos ainda atribuem papéis contraditórios para essa entidade, pois é muito recente a desconstrução das distorções em relação a sua imagem simbólica nos terreiros.

Essa contradição decorre do fato de a Umbanda ser uma religião recente e em formação, e por sua diversidade, pois convivem dentro da mesma religião diferentes conceitos sobre a mesma entidade. Entretanto, não pode ser tomado como coincidência o fato de que essa contradição faz eco para as distorções que reproduzem a demonização, ou seja, há entre um considerável número de umbandistas a crença de que a Pombagira pode, circunstancialmente, fazer o mal ou ser levada a fazê-lo.

Exposto, brevemente, o pensamento de alguns dos autores que analisaram a evolução do culto umbandista, no cenário nacional, buscou-se demonstrar quão variadas são as formas de se compreender e absorver esse universo religioso.

Desde o período escravocrata, há uma indisposição com as tradições religiosas de matriz africana. Começou com o Catolicismo, que resistiu à reforma protestante e tentou se impor no Brasil sem qualquer tipo de influência religiosa. Portugueses católicos já impunham obrigações aos escravizados assim que chegavam ao país, e demonizavam a religião praticada pelos negros e, consequentemente, dos seus adeptos.[39]

No livro *Umbanda no Brasil: Orientação para Católicos*, do frade franciscano Boaventura Kloppenburg, de 1961, o autor diz que a Umbanda "é uma ameaça à saúde mental, heresia pagã[40], fetichismo, superstição, prática mágica fraudulenta". Além disso, ele afirma que "os médiuns são desequilibrados, neuróticos e anormais, sendo o Espiritismo a causa dessas patologias" (CUMINO, 2010, p. 169).

Navarro (2017) complementa, dizendo que a postura da Igreja Católica só mudou em 1962 com o Concílio Vaticano II, conferência realizada entre 1962 e 1965, com uma série de encontros convocados pelo papa João XXIII, com o objetivo de discutir vários temas para modernizar a Igreja Católica e atrair os fiéis afastados. O pontífice afirmaria que "Deus é maior que a Igreja", reconhecendo a presença do sagrado em outras religiões. Contudo, há um discurso imbricado no sentido de converter a partir do reconhecimento de outras crenças, mas associando-as ao mesmo Deus. Uma estratégia discursiva pautada na simpatia e não na empatia.

Posteriormente, na década de 1980, a perseguição contra a Umbanda, que antes vinha da Igreja Católica, foi substituída pelo discurso de ódio e discriminação das igrejas neopentecostais.

A religiosidade cristã do Brasil, tanto na sua vertente protestante quanto católica, convencionou enxergar tudo que não fosse cristão como sendo seita ou heresia. Desde a chegada dos portugueses no Brasil, a convivência não passou pela possibilidade de se manter um diálogo ou cooperação entre as mais variadas tradições religiosas. O outro sempre foi visto como inimigo a ser conquistado. Isso causou disputa pelo quantitativo de fiéis, o que gerou demonização e perseguição, principalmente ao Exu e à Pombagira.

Documentalmente, temos dificuldade de conviver e até mesmo reconhecer a diversidade religiosa.

Segundo o IBGE (Instituto Brasileiro de Geografia e Estatística), há de fato uma hegemonia do Cristianismo no Brasil. O país apresenta 64,6% de católicos e 22,2% de protestantes. Desses protestantes, 60% são de origem pentecostal, 18,5%, evangélicos de missão e 21,8%, evangélicos não determinados. As religiões afro representam 0,35% e as orientais 0,31%. O censo também registrou aumento entre a população que se declarou sem religião (8%), formando o terceiro maior grupo (IBGE, 2010).

Essa hegemonia numérica nos mostra que a maioria da sociedade brasileira é cristã, com isso, alguns valores e privilégios acabam sendo direcionados e essa comunidade. Esses valores são direcionados para um olhar conservador, que coloca grande parte da família brasileira como seguidora de única representação divina e excludente da diversidade religiosa que habita no território nacional. Para os seguidores dessas religiões, o Diabo está fora dos templos e dentro dos terreiros. Uma tentativa de legitimação de discurso e atração de novos fiéis.

Com a diminuição do número de adeptos umbandistas, as igrejas neopentecostais[41] utilizam-se dessa fragilidade para incentivar o preconceito[42] e a demonização da Pombagira.

Por esse ângulo, além das questões preconceituosas e discriminatórias contra a Pombagira, é necessário que seja analisado o caráter socioeconômico que está atrelado ao surgimento da religião, às suas origens na sociedade, qual o papel econômico que envolve os adeptos e a relação de poder entre a maioria (Igreja Católica e Igrejas Neopentecostais) e a minoria (Umbanda e religiões afro-brasileiras).

Para fazer uma análise acerca desse tema, trataremos não só da Pombagira e da Umbanda, como também das outras religiões afro-brasileiras, apesar de não ser o foco deste livro, pois, como apontam estudos e pesquisas sobre a intolerância religiosa, a Umbanda faz parte do panteão dessas religiões.

Fleuri (2013) defende que os preconceitos manifestados contra as religiões afro-brasileiras têm muitas raízes ligadas à classe social que os negros tradicionalmente sempre integraram, ou seja, à parcela da população[43] durante muito tempo excluída do acesso às riquezas materiais e simbólicas produzidas pela sociedade de seu tempo. O autor ainda ressalta que é como se houvesse uma ligação constante, que se influencia mutuamente, entre religiões afro-brasileiras e pobreza.

Essas reflexões nos levam a crer que, talvez, o real motivo para tanta discriminação contra essas religiões não seja propriamente de ordem religiosa.

Nesse contexto, Santana e Muniz Falcão (2018) dizem que as questões raciais e econômicas caracterizam o total desrespeito com os representantes e seguidores desta cultura, resultando em verdadeira guerra pelo poder, em que o mais forte[44] prevalece sobre o mais fraco. A Umbanda e as religiões de matriz africana possuem menor número de adeptos e não têm poder de influência dentro de meios de comunicação, nem mesmo nas instituições político-governamentais.

Com base em informações do jornal O GLOBO[45], provenientes do Tribunal Superior Eleitoral (TSE), as eleições de 2022 testemunharam um recorde no número de parlamentares que adotaram termos relacionados à identificação evangélica, como "pastor", "bispo" e "missionário", em suas campanhas para a Câmara dos Deputados e assembleias legislativas estaduais. Um total de 28 deputados federais, estaduais e distritais eleitos optaram por essas designações, com 16 deles se autodenominando pastores. Essa tendência superou os índices anteriores observados nas eleições de 2002 e 2014, nas quais houve 27 eleitos em cada pleito.

Além disso, uma pesquisa realizada em agosto de 2023 pelo jornal *O Globo* revelou um aumento de aproximadamente 25% no número de candidaturas com identificação religiosa em comparação ao ano anterior, atingindo o patamar mais elevado na série histórica desde 2002. Esse estudo englobou candidatos que apresentaram algum tipo de nomenclatura ou ocupação religiosa ao TSE, incluindo aqueles ligados ao Catolicismo e às religiões de matriz africana. Nesse ano, o número de candidatos em todo o Brasil que se autodenominaram pastores atingiu 476, representando um aumento de cerca de 20% em relação a 2018.

Essa ampliação reflete a crescente influência e mobilização desse grupo religioso na política brasileira, sugerindo que a religião desempenha um papel cada vez mais relevante no cenário eleitoral do país, com possíveis repercussões nas futuras decisões políticas e legislativas. Isso demanda uma análise de como essa dinâmica religiosa interage com outras questões sociais e políticas no Brasil.

Ademais, o aumento na representação parlamentar com afiliação evangélica, mesmo que inclua em sua minoria representantes não conservadores, pode afetar as comunidades de religiões de matriz africana. É essencial garantir que as vozes dessas religiões sejam igualmente consideradas. A representação política desempenha um papel crucial na defesa de direitos e interesses dessas comunidades, que historicamente enfrentaram desafios e discriminação.

Para aprimorar a atuação da bancada evangélica na política e garantir uma representação equilibrada, podemos adotar várias abordagens:

- Estimular conversas entre diferentes religiões, incluindo religiões de matriz africana, para construir pontes e encontrar soluções que atendam a diversas perspectivas e necessidades.
- Incentivar a diversidade dentro da bancada evangélica, permitindo vozes de diferentes denominações e perspectivas políticas, o que enriquece o debate e promove a compreensão mútua.
- Proteger o caráter laico do Estado, garantindo que ele não favoreça nenhuma religião específica e respeite a liberdade religiosa de todos os cidadãos.
- Expandir a representação de outras minorias na política, como a comunidade LGBTQ+, indígenas e outras, para criar um sistema político verdadeiramente inclusivo.
- Encorajar a participação ativa da sociedade civil na política, pois ela desempenha um papel vital na fiscalização das ações políticas e na garantia da transparência.
- Investir em programas de educação cívica que promovam o entendimento do papel da religião na política, e a importância da separação entre religião e Estado, contribuindo para decisões políticas mais informadas e inclusivas.

Em resumo, a conquista de uma representação política justa e diversificada requer esforços colaborativos que valorizem a diversidade religiosa e cultural do Brasil, assegurando que as decisões políticas sejam verdadeiramente representativas de toda a população. Portanto, é fundamental promover um diálogo inter-religioso respeitoso e inclusivo para garantir a igualdade de direitos entre todos os grupos religiosos no país.

Uma batalha espiritual

O neopentecostalismo é uma corrente do pentecostalismo que se desenvolveu a partir das décadas de 1950 e 1960, ganhando destaque principalmente no Brasil. Ele representa uma evolução do movimento pentecostal tradicional, incorporando novos elementos doutrinários e práticas religiosas.

O termo "neo" sugere uma nova fase ou abordagem em relação ao pentecostalismo clássico. Algumas das características distintivas incluem:

- **Teologia da Prosperidade:** Uma ênfase na crença de que a fé pode trazer riqueza material e sucesso na vida, frequentemente ligando a bênção divina à prosperidade financeira.

- **Exorcismo e Libertação:** Uma forte ênfase na expulsão de demônios e na luta espiritual, com a crença de que muitos problemas pessoais podem ser atribuídos à influência demoníaca.

- **Crescimento de Igrejas e Mídia:** Neopentecostais frequentemente adotam estratégias de marketing e mídia para expandir suas igrejas e alcance, incluindo a transmissão de cultos pela televisão e pela internet.

- **Ênfase na Fé Pessoal:** A ideia de que a fé individual desempenha um papel crucial na obtenção de milagres e bênçãos divinas.

- **Sincretismo Religioso:** Em alguns casos, há a incorporação de elementos de religiões afro-brasileiras ou indígenas, adaptando-os à sua teologia e práticas.

- **Crescimento Político:** Neopentecostais têm desempenhado um papel importante na política, influenciando eleições e apoiando candidatos que compartilham suas visões morais e políticas.

O neopentecostalismo é um movimento religioso dinâmico e diversificado, com muitas denominações e líderes carismáticos. Sua influência na sociedade, na política e na cultura é notável, especialmente em países como o Brasil, onde ele tem uma presença marcante.

É importante destacar que a visão das igrejas neopentecostais sobre as religiões afro-brasileiras é resultado do desenvolvimento do sistema teológico e doutrinário do pentecostalismo, desde seu surgimento no Brasil. Durante esse período, esse movimento religioso passou por transformações notáveis, expandindo sua base de fiéis, aumentando o número de denominações e ganhando maior projeção.

O neopentecostalismo, em razão de sua crença na necessidade de erradicar a presença e a influência demoníaca no mundo, tende a categorizar outras religiões como menos comprometidas com essa batalha, chegando a considerá-las ambientes onde os demônios atuariam de forma privilegiada, por vezes, ocultando-se sob as divindades veneradas nessas tradições. Isso é particularmente notável nas religiões afro-brasileiras, em que os deuses, especialmente Exus e Pombagiras, são percebidos como manifestações de entidades demoníacas. De modo paradoxal, também ocorrem situações em que elementos da liturgia afro-brasileira são incorporados em práticas neopentecostais de algumas igrejas.

A batalha entre grupos neopentecostais e religiões de matriz africana representa um aspecto relevante da intolerância religiosa no Brasil.

Algumas igrejas neopentecostais têm sido acusadas de disseminar discursos hostis e preconceituosos contra as religiões afro-brasileiras, como o Candomblé e a Umbanda. Isso muitas vezes se manifesta em ataques verbais, vandalismo a terreiros e perseguição aos praticantes dessas religiões.

Esses conflitos muitas vezes têm raízes em diferenças religiosas e culturais, bem como em questões sociais e políticas.

Infelizmente, o Brasil enfrenta casos de intolerância religiosa em diferentes regiões do país. Alguns exemplos incluem:

- **Ataques a terreiros:** Terreiros de religiões de matriz africana, como o Candomblé e a Umbanda, frequentemente são alvos de vandalismo, incêndios criminosos e profanação de seus espaços sagrados.

- **Agressões verbais:** Pessoas de diferentes religiões, especialmente aquelas que não seguem a fé predominante, podem ser vítimas de insultos, discriminação e zombarias em razão de suas crenças.

- **Discriminação no ambiente de trabalho e na educação:** Há relatos de pessoas que enfrentam discriminação religiosa no local de trabalho e nas escolas, sendo impedidas de praticar suas crenças ou sendo tratadas de forma desigual em virtude da religião que professam.

- **Crimes de ódio:** Em alguns casos graves, ocorrem ataques físicos violentos contra indivíduos em função de sua religião, causando danos físicos e emocionais.

É importante notar que a intolerância religiosa afeta pessoas de diferentes crenças, não apenas as religiões de matriz africana. A promoção da tolerância, a educação sobre diversidade religiosa e a aplicação eficaz das leis que punem a discriminação religiosa são medidas essenciais para combater esse problema no Brasil. Na maioria das igrejas e movimentos pentecostais e neopentecostais, existe a tendência de identificar tudo o que é estranho e diferente como sendo o mundo de Satanás. Tal maneira de pregação se apoia sob o mesmo rótulo, com igual peso que pode ser direcionado a drogas, violência, problemas conjugais, problemas financeiros, falta de emprego e, por fim, homossexualidade e prática de cultos afro-brasileiros. Quem estiver envolvido em uma dessas esferas, é convidado e instado a participar do culto de exorcismo.

Pode-se ver isso na entrevista do o pastor da Igreja Adventista do Sétimo Dia sobre a existência do mundo de Satanás:

"Satanás existe, ele era um anjo de luz que caiu do céu. Em Apocalipse 12:12, diz que ele caiu do céu e, quando caiu, veio com o papel de destruir a humanidade. Satanás trouxe outros anjos com ele, quando eles caíram na terra deixaram de ser anjos e passaram a ser demônios.

Hoje, as religiões botam nomes nessas entidades, nesses demônios, uns chamam de Exu Sete Facadas, outros de Exu Caveira, Maria Padilha, Pombagira, Maria Mulambo. As religiões afro-brasileiras usam nomes para esses demônios. O Candomblé põe nomes e associam com a Igreja Católica, como: Santo Antônio, Ogum, São Jorge, Oxóssi. Todos são representantes de Satanás.

Eles fazem desmonte nas famílias, fazem acontecer acidentes, tudo o que acontece de ruim no mundo é causado pelo trabalho dessas entidades. São os causadores do mal."

Mais uma vez, neste livro, percebemos um discurso de alteridade (nós e eles). Aqueles, indivíduos ou entidades sagradas, que trafeguem na contramão do magistério da igreja são considerados desviados. Entretanto, se qualquer ser humano praticante de uma religião de matriz africana se converte à igreja, ele passa a ser uma pessoa de bem no sentido espiritual. É uma salvação a partir da renúncia. A linha discursiva ainda pavimenta o caminho do proselitismo, no sentido de impor a verdade única em uma sociedade plural em níveis locais, regionais, nacionais e internacionais. É importante lembrar que a Umbanda é uma família, cuja premissa principal é a caridade, realizada diariamente nos mais variados contextos familiares unidos pelos laços do amor. A liberdade de escolha pode ocorrer pelo amor ou pela dor, contudo, é uma opção daquele que entra no terreiro. A Umbanda se distancia de processos impositivos para entrada ou permanência.

Essas instituições defendem que as Pombagiras se apossam do ser humano por meio desses grupos religiosos, assim, ao enfatizar a teologia da batalha espiritual, direcionam seu combate contra as outras denominações religiosas, sobretudo, as afro-brasileiras e o Espiritismo. Isso é um dos fatores responsáveis pelos números significativos de ataques às religiões afro-brasileiras. Só em 2017, foram 169 casos registrados (RESK; TOMAZELA; COTRIM, 2017). Esses números se apoiam em dados levantados pelo Ministério dos Direitos Humanos.[46]

As informações do portal Disque 100, ligado a Ouvidoria Nacional de Direitos Humanos do Ministério dos Direitos Humanos e da Cidadania (MDHC), revelam um alarmante aumento nos casos de intolerância religiosa no Brasil. Os registros passaram de 477 casos, em 2019, para 966 em 2021, um crescimento de 106% em apenas um ano. Essa tendência é inquietante, indicando que mais pessoas estão se sentindo incentivadas a denunciar atos de violência. São Paulo lidera com 270 denúncias, seguido por Rio de Janeiro, Bahia, Minas Gerais e Rio Grande do Sul. Isso destaca a necessidade de abordar e combater esse problema crescente em nossa sociedade.

Os ataques incluem agressões verbais e físicas, destruição de imagens sacras, invasão e destruição de terreiros, ataques nas redes sociais, ataques incendiários e até tentativas de homicídio.

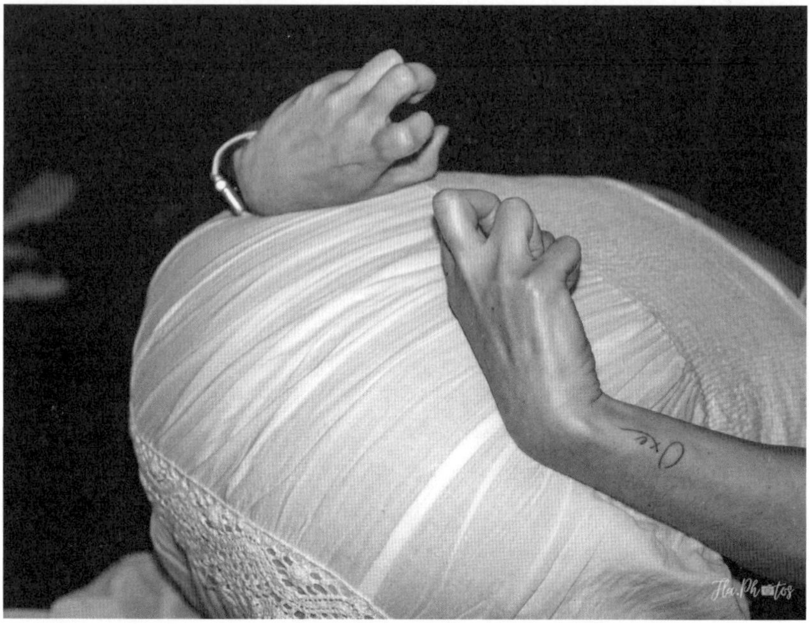

Uma batalha contra o preconceito e a intolerância religiosa

A intolerância religiosa e o preconceito são uma verdadeira afronta aos Direitos Humanos e, também, à Constituição Federal. Ainda no Brasil Império, a primeira constituição brasileira, outorgada em 1824, elegeu o Catolicismo como a religião oficial do Brasil, sendo as outras permitidas apenas em culto doméstico.

O Brasil se torna um Estado laico em 1891, após a Proclamação da República, garantindo não só a liberdade de crença, como também a de culto, e assegurando a livre escolha religiosa, mas na prática a perseguição e a intolerância religiosa continuaram, muitas vezes por parte do governo e da polícia.

A Constituição Federal de 1988 legitima ainda mais o Brasil como um Estado laico e sem qualquer relação com instituições religiosas. É assegurada, no artigo 5º, uma série de direitos fundamentais para que se possa viver com dignidade, entre eles, destaca-se a liberdade religiosa.

O parágrafo VI desse artigo diz: "É inviolável a liberdade de consciência e de crença, sendo assegurado o livre exercício dos cultos religiosos e garantida, na forma da lei, a proteção aos locais de culto e a suas liturgias" (BRASIL, 1999).

Desse modo, verificamos que o Estado deve cumprir seu papel e permitir que os cidadãos sejam livres para praticar sua fé. Caso esse direito seja violado, a vítima pode recorrer ao Poder Judiciário e o agressor será julgado pela Vara Criminal, podendo sofrer pena de reclusão e multa.

A Lei n. 7.716, de 5 de janeiro de 1989, em seu artigo primeiro diz que: "Serão punidos, na forma desta Lei, os crimes resultantes de discriminação ou preconceito de raça, cor, etnia, religião ou procedência nacional". Muitos agentes não têm conhecimento de que existe uma lei que combate a discriminação religiosa. O preconceito de raça é mais conhecido, porém, é a mesma lei que trata as duas tipificações.

A ialorixá Gildásia dos Santos, a Mãe Gilda, tornou-se símbolo de resistência pela afirmação das religiões de matriz africana, após ter o terreiro (Ilê Axé Abassá de Ogum, em Salvador) invadido e depredado por representantes da IURD (Igreja Universal do Reino de Deus).

Mãe Gilda teve agravamentos de problemas de saúde e morreu em 21 de janeiro de 2000. O Dia Nacional de Combate à Intolerância Religiosa foi instituído, pelo presidente Luiz Inácio Lula da Silva, em 2007, em memória da ialorixá. Essa medida representou o resgate ao respeito às religiões e um passo, mesmo que ainda curto, para que o Estado se mostre mais tolerante com questões religiosas.

O busto de Mãe Gilda também foi alvo de vandalismo pela primeira vez em maio de 2016 e passou por uma reforma, sendo entregue no mês de novembro do mesmo ano. A filha da Ialorixá, lideranças de movimentos sociais e representantes da sociedade civil e do poder público participaram do ato de entrega do busto.

Em julho de 2020, o portal de notícias *G1* publicou uma matéria sobre mais um ato de vandalismo contra o busto de Mãe Gilda no estado da Bahia: "Busto de Mãe Gilda é alvo de vandalismo em Salvador; suspeito foi levado para delegacia".[47]

De acordo com Mãe Jaciara dos Santos, filha biológica de Mãe Gilda e atual ialorixá do Abassá, um homem apareceu no local e começou a apedrejar o monumento, dizendo que foi "a mando de Deus". Muitas partes do busto ficaram quebradas.

O enfrentamento ao universo simbólico-imaginário e religioso umbandista por muitas igrejas neopentecostais, em suas famosas "cruzadas da fé", tem estimulado violências tanto ao patrimônio material quanto imaterial da Umbanda. Nos últimos anos, registraram-se diversas ocorrências de invasão e violência contra os terreiros de Umbanda. Em 2020, houve vários casos de invasão e violência contra os terreiros e cabe destacar algumas dessas matérias.

O portal *G1* também publicou, em janeiro de 2020, matéria sobre um caso de intolerância ocorrido em São Paulo: "Líder de centro de Umbanda se diz vítima de intolerância após ataque com bomba e agressão em SP". Moradora conta que grupo jogou explosivo em quintal durante encontro religioso e espancou o filho dela em Ribeirão Preto.[48]

Outra matéria publicada também no mês de janeiro daquele ano, no site Pioneiro, diz que: "Centro de Umbanda é atacado a tiros por vizinho em Caxias do Sul". Responsável pelo local afirma ter sido alvo de intolerância religiosa.[49]

Em 9 de abril de 2019, na Avenida Mãe Stella de Oxóssi, em Salvador, testemunhamos a concretização de um tributo artístico profundo e emocionante. As esculturas que retratam a ialorixá e Oxóssi, cuidadosamente esculpidas pelo talentoso artista Tatti Moreno, não são apenas obras de arte, mas também manifestações de respeito e reconhecimento.

Elas nos lembram da história de uma mulher notável, uma ialorixá que transcendeu fronteiras culturais e religiosas. Sua dedicação às tradições do Candomblé e seu profundo conhecimento desses rituais são um legado que merece ser celebrado e lembrado.

Essas esculturas, silenciosas e poderosas, ecoam a importância de preservar e honrar a diversidade cultural e religiosa que enriquece nossa sociedade. Elas nos convidam a refletir sobre a riqueza de crenças e práticas espirituais que moldam nossa identidade coletiva, independentemente de nossas próprias convicções.

A Avenida Mãe Stella de Oxóssi agora é mais do que um espaço físico; é um lugar onde arte e história se entrelaçam para nos inspirar a abraçar a pluralidade de vozes e experiências que compõem nosso mundo. Que essas esculturas sirvam como um lembrete de que a memória daquela mulher notável e de suas tradições vive por meio de nossa apreciação, respeito e compromisso com a diversidade cultural e religiosa que nos une como sociedade.

Mãe Stella de Oxóssi, cujo nome completo é Maria Stella de Azevedo Santos, foi uma importante líder religiosa e sacerdotisa do Candomblé, em Salvador. Ela é conhecida por seu papel significativo na preservação e na promoção das tradições do Candomblé e por seu trabalho como sacerdotisa.

Mãe Stella nasceu em 1925 e foi a primeira ialorixá (líder religiosa) do Ilê Axé Opô Afonjá, um renomado terreiro de Candomblé soteropolitano. Ela desempenhou um papel fundamental na preservação das tradições religiosas africanas e na promoção do respeito à diversidade religiosa no Brasil.

Além de suas atividades religiosas, Mãe Stella também foi uma escritora e poetisa prolífica, abordando temas relacionados à religião, à espiritualidade e à cultura afro-brasileira em seus escritos. Ela faleceu em 2018, mas seu legado continua vivo por meio das tradições que ela ajudou a preservar e da inspiração que ofereceu a muitas pessoas em relação à espiritualidade africana no Brasil. É lembrada como uma figura importante na luta pela igualdade religiosa e pela valorização das religiões de matriz africana no país.

Ainda em 2019, apenas cinco meses após ser inaugurada, a escultura que reverencia à memória dessa importante mãe de santo, uma mulher e sacerdotisa que possuía profundo conhecimento dos cultos e das tradições do Candomblé, enfrentou atos de vandalismo, incluindo pichações e a remoção da placa de identificação.

No domingo de madrugada, em 4 de dezembro de 2022, motoristas que transitavam pela avenida próxima ao bairro Stella Maris testemunharam a estátua em chamas. Eles imediatamente alertaram o Corpo de Bombeiros e a polícia, que iniciaram uma investigação para esclarecer o ocorrido. A principal suspeita recai sobre intolerância religiosa.

Após o incêndio, a escultura danificada passou por um processo de restauração e foi reinstalada no mesmo local, em 10 de agosto de 2023. Testemunhamos a concretização de um tributo artístico profundo e emocionante.

Essa obra é uma das últimas criações do renomado artista plástico Tatti Moreno e homenageia uma das mais destacadas ialorixás do país.

Os atos de vandalismo motivados pela intolerância religiosa, especialmente direcionados às religiões de matriz africana, são profundamente lamentáveis e inaceitáveis. Eles revelam não apenas uma falta de compreensão, mas também uma falta de respeito pelos direitos fundamentais de liberdade religiosa e pela diversidade espiritual que enriquece nossa sociedade.

As religiões de matriz africana têm uma história rica, e uma profunda conexão com as raízes culturais e espirituais de muitas comunidades. Atacá-las de maneira intolerante não só prejudica os indivíduos que as praticam, mas também enfraquece o tecido da nossa sociedade, que se beneficia da pluralidade de crenças e tradições.

Os incidentes que abrangem seguidores e líderes religiosos são sempre lamentáveis e devem ser minuciosamente investigados pelas autoridades, assegurando, assim, a busca por justiça.

Maria Bernadete Pacífico, ialorixá e ex-secretária de Promoção da Igualdade Racial de Simões Filho (BA), perdeu a vida em 17 de agosto de 2023. Seis anos após a tragédia que vitimou seu filho, ela, que também liderava o Quilombo Pitanga dos Palmares, na Bahia, foi assassinada. De acordo com informações preliminares, criminosos invadiram o terreiro de Mãe Bernardete, fazendo membros de sua família e ela reféns, culminando em seu trágico falecimento por tiros.

Mãe Bernadete desempenhava um papel significativo na promoção dos direitos das comunidades quilombolas, que consistem em grupos remanescentes de quilombos compostos por descendentes de africanos escravizados. Ela frequentemente atuava na defesa da preservação cultural, dos direitos territoriais e do desenvolvimento sustentável dessas comunidades.

Em 17 de agosto de 2023, o mundo perdeu uma voz poderosa da luta pela igualdade e pelos direitos das comunidades quilombolas.

Bernadete já havia sofrido a dor indizível de perder seu filho de maneira trágica, apenas para enfrentar novamente a escuridão da violência.

Ela dedicou sua vida a preservar a rica herança cultural de seu povo, a proteger os direitos de suas comunidades e a promover um desenvolvimento sustentável que trouxesse esperança para as gerações futuras.

No entanto, em uma noite fatídica, criminosos invadiram seu terreiro, transformando seu santuário em um cenário de terror. Fizeram dela e de membros de sua própria família reféns, roubando-nos não somente uma líder comprometida, mas também uma mãe, uma avó e uma guardiã da tradição.

Esse ato hediondo nos lembra de que ainda há muito trabalho a ser feito para combater a intolerância e a violência que assombram nossas sociedades. Maria Bernadete Pacífico pagou um preço terrível por sua dedicação à justiça e à cultura de seu povo.

À sua memória e ao seu legado, devemos nos comprometer a continuar a luta por um mundo onde a diversidade cultural seja celebrada; onde a intolerância seja erradicada; e onde a justiça prevaleça. Que a luz que ela trouxe à vida de tantos continue a brilhar como um farol de esperança nas trevas da intolerância.

Devemos recordar que a diversidade religiosa é uma parte valiosa da nossa identidade coletiva, e que todos têm o direito de praticar sua fé sem medo de perseguição ou discriminação.

Ao enfrentarmos esses atos prejudiciais, devemos nos unir como sociedade e afirmar nossa determinação em combater a intolerância religiosa em todas as suas formas, para que possamos construir um mundo onde a liberdade religiosa e o respeito mútuo prevaleçam.

A intolerância religiosa ameaça atividades em terreiros baianos. Segundo o Ministério Público da Bahia, 90% das denúncias registradas em 2019 estão relacionadas às religiões de matriz africana.

É importante que a população saiba que existe um centro que recebe denúncias de intolerância, o Disque 100 (embora o Disque 100 não seja somente para denúncias de intolerância). Em muitas situações, as denúncias são encaminhadas e acompanhadas em seu desenvolvimento.

Não obstante, outro ponto a ser levantado é que mesmo assegurando que o cidadão tem liberdade para escolher sua crença ou a falta dela, o artigo 284 do Código Penal[50] considera crime a prática de curandeirismo. Se é crime, é porque a lei foi votada por deputados. O primeiro ponto é explicitar quais são os critérios de curandeirismo. São de ordem médica, espiritual ou social? O Ministério da Saúde, por meio do SUS (Sistema Único de Saúde), entende as Terapias Integrativas Complementares como processos alternativos que auxiliam os tratamentos médicos com resultados satisfatórios. Essas terapias estão apoiadas em conhecimentos empíricos, tanto quanto muitos processos utilizados na Umbanda por intermédio das folhas. Portanto, tal lei pode carecer de revisão urgente.

Assim, percebe-se que apesar de o Estado brasileiro ser laico, ele ainda traz a herança de um país construído sob a influência religiosa de matriz cristã, principalmente das igrejas evangélicas e católica. Sendo assim, é preciso que parlamentares deixem sua ideologia religiosa dentro dos seus templos e atuem como legisladores de fato e trabalhem em favor da sociedade.

Além da Constituição brasileira, há outras instâncias que definem o direito à liberdade de consciência e prática religiosa. O artigo 18º da Declaração Universal dos Direitos Humanos diz que "toda a pessoa tem direito à liberdade de pensamento, de consciência e de religião; este direito implica a liberdade de mudar de religião ou de convicção, assim como a liberdade de manifestar a religião ou convicção, sozinho ou em comum, tanto em público como em privado, pelo ensino, pela prática, pelo culto e pelos ritos".

Silva e Ribeiro (2007) destacam o momento em que a ONU (Organização das Nações Unidas) apresenta, em 25 de novembro de 1981, o documento denominado "Declaração sobre a eliminação de todas as formas de intolerância e discriminação fundadas na religião ou nas convicções". O documento teve como intuito delinear a prática de intolerância e discriminação com origem na religião e, assim, propor estratégias políticas e sociais para seu enfrentamento.

Os autores citados destacam também o posicionamento da ONU quanto ao fato de que nenhuma medida de promoção da liberdade religiosa e do respeito aos cultos consegue se substanciar, caso não haja comprometimento do Estado em criar medidas e legislações mais eficazes, que possam prevenir e eliminar qualquer tipo de intolerância e discriminação.

Tanto na sociedade antiga como na atual, o discurso religioso tornou-se grande empecilho para o diálogo entre os povos. De modo geral, apesar de todas as concepções religiosas pregarem a paz e a união, e terem a solidariedade como meta para a construção de um mundo melhor, no que se refere às práticas religiosas, esse ideário não apresentou historicamente muito progresso.

As disputas religiosas constituem elementos justificadores de disputas geopolíticas que configuram interesses para além de tradições e dogmas religiosos. Fato este que, de acordo com os referidos autores, pode ser compreendido mediante a necessidade de afirmação de algumas doutrinas sobre outras.[51]

Mesmo compreendendo que as declarações internacionais escondem o pano de fundo das disputas religiosas, cuja origem transcende os aspectos subjetivos da fé, consideramos que estes não devem ser desprezados pelas lutas populares de combate a qualquer forma de discriminação.

As legislações de preservação da identidade negra e de defesa da tolerância religiosa em relação às religiões de matriz africana constituem importantes instrumentos de luta. Contudo, são inócuas se não combinadas com ações de controle social da população para um permanente monitoramento do que está preconizado na lei, e com medidas de promoção de um comportamento tolerante e socialmente responsável.

Neste espírito, a Medida Provisória n. 111, de 21 de março de 2003, convertida na Lei n. 10.678, de 23 de maio de 2003, representou uma conquista das lutas históricas do Movimento Negro no Brasil.

Desse marco regulatório se originou a Secretaria de Políticas de Promoção para a Igualdade Racial (Seppir), com o objetivo de fomentar o debate, criar políticas públicas e capacitar seus respectivos executores acerca das questões relacionadas à população negra, à igualdade racial e ao combate a toda espécie de discriminação e intolerância contra indivíduos e grupos étnicos. Essa secretaria foi incorporada ao Ministério das Mulheres, da Igualdade Racial e dos Direitos Humanos, em 2015, e depois foi extinta entre os governos Temer e Bolsonaro. Em 2023, retornou com *status* de ministério dirigido por Anielle Franco no governo Lula.

A Seppir é responsável, dentre muitas questões, por políticas nacionais em torno das pautas que envolvem a população negra, prioritariamente, e outros grupos étnicos subalternalizados. No entanto, a preocupação com a intolerância religiosa, em especial, requer cuidados constantes, e uma articulação entre os governos federal, estadual e municipal e as organizações da sociedade civil.

Contextualizando essa realidade, o discurso da liberdade religiosa não deve ser utilizado para disseminar o ódio e justificar a criação de inimigos. A diversidade religiosa não pode ser vista como uma ameaça aos valores da maioria cristã. Ao contrário, trata-se de fomentar e fortalecer a democracia. Portanto, à luz dessa fundamentação, os privilégios precisam dar lugar à igualdade. A imposição de valores religiosos e a garantia de vantagens a um grupo em detrimento de outros, além de ameaçar a laicidade, são ações que fomentam o fundamentalismo, o desrespeito e a intolerância religiosa.

Negar a religião do outro é o mesmo que tentar aniquilar as entidades em que ele acredita, bem como suas maneiras de cultuar. O antropólogo Cláudio Pereira diz que a fé é a maravilhosa capacidade de se acreditar no incrível.

Mudar a realidade das comunidades religiosas de matriz africana se tornou um desafio urgente. A compreensão de liberdade de crença e culto como algo inviolável não chega aos terreiros.

Precisamos cobrar dos poderes Legislativo, Executivo e Judiciário o compromisso com políticas públicas que garantam a liberdade religiosa, a educação e o combate ao racismo religioso. Desrespeitar a fé do outro, dentre muitos pontos, é também afirmar que seu Deus é único e que todos os outros são demônios.

A crença e a fé são questões de ordem pessoal e profunda, as quais podem estar enraizadas em experiências de vida significativas e transformadoras. Em vez de tentar invalidar a fé de alguém, pode ser mais útil e respeitoso tentar entender as crenças da pessoa. Além disso, é importante lembrar que mudanças na fé de alguém fazem parte de uma jornada pessoal que cada indivíduo deve fazer por si mesmo. O proselitismo deve dar lugar à liberdade de escolha.

O diálogo inter-religioso também é uma forma importante de promover a compreensão e a convivência pacífica entre pessoas de diferentes crenças e culturas. É por meio da empatia que podemos construir um mundo mais justo e harmonioso para todos, e edificar uma sociedade mais inclusiva e respeitosa.

Capítulo 5

Considerações Finais

A proposta desta obra foi precisamente investigar por que a Pombagira desperta um comportamento de violência simbólica em uma parte da sociedade brasileira. Buscamos, também, ampliar o conhecimento, a partir do entendimento maior e mais aprofundado do universo religioso que norteia e determina a própria vida daquele que crê, à luz da própria experiência religiosa.

No caso em questão, a pesquisa foi direcionada ao panorama religioso, em especial à Umbanda. A visão de alguns de seus membros e da sociedade, acerca da imagem e da representação da Pombagira e de seu panteão, foi de grande importância para dar vida a este livro, com símbolos inequívocos de mulher, de atributos e características presentes na doutrina umbandista e na sociedade. Seria, ainda, a tentativa de reconhecimento de como a compreensão e a crença da tal entidade podem atingir a vida cotidiana da sociedade.

Um dos pontos principais desta obra foi compreender os motivos da demonização da imagem da Pombagira.

Nosso olhar foi direcionado às transformações vividas na Umbanda e à sua vinculação aos fenômenos do branqueamento do culto e do empretecimento de algumas práticas espirituais. Há, portanto, um ato de demonização de uma parte da Umbanda em relação às suas entidades cultuadas, em especial, Exu e Pombagira, que ecoa até os dias atuais e não se sabe até quando ecoará.

A Umbanda vem passando, há mais de um século, por um processo de transformação. Novos autores e dirigentes vêm trazendo uma nova visão, um novo conceito, um novo posicionamento em relação às suas entidades cultuadas, sobretudo a Pombagira. Para os umbandistas, ela representa a liberdade, a força e a alegria do panteão.

Outro objetivo proposto no livro é a relação da Pombagira com a Umbanda e a sociedade. Se a sombra da prostituta ainda persiste em seu passado, na atualidade dos terreiros, sua imagem pejorativa de mulher sexualmente perigosa vem sofrendo alterações. No entanto, ao longo da pesquisa, constatou-se que a referida entidade continua envolta em uma nuvem de sensualidade e de uma mulher sexuada, o que pode ser associado a uma mulher empoderada nos contextos atuais. Trata-se de outro ponto que pode servir de fio condutor para novos olhares.

A Pombagira é marcada pela ambiguidade referenciada por autores religiosos e cientistas sociais, o que foi também perceptível nas observações e nas entrevistas deste livro. Isso foi visto em todas as esferas do fenômeno Pombagira, na sua estética, nas suas falas e nos discursos de independência.

Quanto à sua origem e construção, ela é vista por alguns adeptos das religiões de matriz africana e parte dos autores como Exu-Mulher. Contrapondo o pensamento da maioria dos pesquisadores, a Pombagira apresentada no livro se mostrou independente de Exu, com funções e atribuições distintas. Ambos são denominados guardiões dos terreiros, trabalham na linha de esquerda, onde atuam na vibração próxima do humano, mas não têm uma relação de dependência. Pombagira se apresenta tão forte quanto Exu.

Alguns autores e entrevistados aqui apresentados definem a Pombagira como um espírito não evoluído, pensamento corroborado por alguns seguidores da religião de Umbanda, que propõem à Pombagira sua doutrinação e a reconhecem como uma entidade a procura de evolução espiritual. A tentativa de transformá-la em espírito de luz foge totalmente da sua representação de liberdade apresentada até aqui. É o mesmo que dizer "não" à Pombagira, enquanto ela vem dizer "sim". Seja transgressora, seja iluminada, essas qualidades estão ligadas a modelos socialmente instituídos, o que pode ser outro olhar a ser pesquisado mais adiante. Esses cânones ultrapassam as muralhas invisíveis de cada religião supracitada nesta pesquisa e se impregnam nos "eus" doutrinados pelos modelos religiosos de cada religião.

Dessa forma, a demonização da Umbanda e de suas entidades, especialmente da Pombagira, afastou a fantasia libertária dos povos formadores da brasilidade, no campo político, no econômico, no cultural ou no religioso. Essa perspectiva ainda encontra eco na sociedade atual.

Em pleno século XXI, ainda assistimos às formas mais arcaicas da interdição simbólica do outro, vistas em matérias jornalísticas apresentadas no livro, contendo incidentes ocorridos nas grandes capitais, como Salvador, Rio de Janeiro e São Paulo. Foram fatos que descreveram eventos em que a prática da intolerância religiosa busca agredir ou constranger os frequentadores dos terreiros, e destruir as imagens e os objetos utilizados nas suas giras, evidenciando demonstrações de intolerância religiosa.

Ainda que seu culto seja associado ao conturbado espaço que lhe é atribuído, principalmente pela sua ligação à sexualidade, na Umbanda e nas demais religiões de matriz africana, a Pombagira é cultuada e reconhecida como grande possuidora de poder e de conhecimento, que não se resumem aos territórios do sexo e do amor. Ela é considerada, para seus adeptos, a grande guardiã dos terreiros.

É inversamente proporcional o tamanho da comunidade afro-brasileira em relação ao preconceito. Segundo o IBGE, as religiões de matriz afro no Brasil representam 0,35%. Em contraponto, os dados do Ministério dos Direitos Humanos mostram que as denúncias de intolerância sofridas pelo Candomblé e pela Umbanda são de 25%. Do total de casos, nos levantamentos mais antigos, só no Rio de Janeiro chegam a 71% as denúncias em que as religiões de matriz africana são alvo de preconceito e intolerância religiosa.

Essas religiões sofreram historicamente perseguições, inicialmente pela Inquisição durante o período do Brasil Colonial, promovida pela Igreja Católica. Depois, foram alvo de discriminação pela Constituição, dentro do nosso Código Civil republicano, que não apenas culpabilizava, mas também criminalizava a prática de magia. Uma longa trajetória de perseguição que se soma ao nosso racismo institucional e estrutural.

O Brasil é um país que parece fingir ser menos negro do que realmente é. O projeto de embranquecimento visto na nossa sociedade visa eliminar aquilo que seria representativo da cultura negra do Brasil. É outro ponto que pode ser abordado em pesquisa posterior.

O crescimento do ataque às religiões de matriz africana não pode ser atribuído ao Estado. Nesse momento, há uma crescente influência por uma grande parte do movimento cristão, protestante, neopentecostal, que se coloca no mundo como um agente de uma batalha espiritual.

Esta obra teve pretensões de elencar os principais fatores que levam a violência simbólica às religiões de matriz africana.

Para muitos cristãos, existem males no mundo causados pela presença do demônio na Terra, identificado com as divindades afro-brasileiras. Já vem de uma longa tradição reconhecer e associar essas entidades aos demônios, cujos exemplos clássicos sãos os Exus e as Pombagiras.

Alguns dos neopentecostais ainda associam qualquer coisa que vá contra a divindade suprema que adoram, ou seja, Deus, com uma representação do mal. Para eles, a luta incessante contra o Diabo parece ser o caminho para a salvação. No entanto, vale a pena refletir que o mal pode residir apenas nos pensamentos humanos. É fundamental ressaltar que o termo "Diabo" não tem qualquer associação histórica nem atual com as religiões afro-brasileiras, a exemplo da Umbanda.

O que estamos vivendo atualmente é um crescimento vertiginoso de um fundamentalismo neopentecostal relacionado ao racismo religioso. Ele é danoso socialmente, sobretudo com a população negra. Com isso, é construída uma prática de perseguição: terreiros sendo incendiados e/ou destruídos, pessoas são apedrejadas nas ruas por ter pertencimento a uma religião de matriz africana.

A demonização de Exu e Pombagira foi fomentada pela religião cristã, por meio da falta de conhecimento, e por questões políticas e econômicas.

O intuito aqui é entender os motivos da demonização de uma das entidades mais polêmicas do panteão Umbandista. É uma forma de reflexão para provocar o leitor a conhecer Pombagira no sentido pedagógico, pois o conhecimento crítico é um grande instrumento para combater a intolerância religiosa.

Deusa ou demônio?

Vimos que a doutrinação religiosa é lastreada por modelos fundados no magistério religioso ensinado. As condenações no sentido social não podem ser creditadas somente ao intolerante. A sociedade demoniza a Pombagira pela falta de conhecimento. Entretanto, o doutrinador atua na qualidade de estrategista, no sentido da construção da imagem dessa demonização. Portanto, a Pombagira transgressora representa uma imposição de alguns sacerdotes de religiões cristãs. Ainda, podemos citar uma parcela de kardecistas, umbadistas e candoblecistas nessa construção simbólica do mal.

O racismo religioso e o interesse político-econômico são elementos catalisadores para o total desrespeito com as entidades cultuadas nas religiões de matriz africana. Trata-se, portanto, de uma guerra pelo poder. Nesse sentido, conseguimos entender por que os praticantes das religiões de matriz africana são as principais vítimas de intolerância religiosa no Brasil.

A associação da Pombagira ao demônio é uma das formas encontradas pelos doutrinadores para legitimar sua crença a partir da desqualificação do outro. É uma maneira de cercear sua liberdade a partir de uma falsa ideologia que envolve Deus, pátria e família. Pombagira, neste ponto, é um modelo de mulher que não pode ser seguido em uma sociedade dominada pelo patriarcado opressor, que está descrito desde a construção humana.

Pombagira é Dandara dos Palmares, Tereza de Benguela, Maria Felipa de Oliveira, Anita Garibaldi, Maria Quitéria, Marielle Franco, Maria Bernadete Pacífico, entre outras, que, assim como Pombagira, foram silenciadas por lutar a favor da liberdade, mulheres essenciais e injustiçadas da História brasileira.

São várias camadas de violência simbólica que demonizam a Pombagira, fruto do racismo, do machismo e da intolerância religiosa que estruturam a sociedade brasileira. A demonização à Pombagira, utilizando o termo atual, é a ferramenta contra o empoderamento.

Pombagira, com sua presença poderosa, tem uma voz que não pode ser silenciada. Sua gargalhada ressoa como um símbolo de liberdade, lembrando-nos de que a espiritualidade e a força feminina não podem ser restringidas. Ela personifica a coragem de quebrar amarras e ser autêntica, inspirando-nos a buscar nossa própria liberdade interior. Sua risada é um lembrete de que a expressão e a individualidade devem ser celebradas e protegidas.

Dar voz à Pombagira é uma forma de abrir caminhos para a diversidade espiritual e valorizar as vozes que desafiam o silenciamento, destacando a importância de respeitar e celebrar a variedade de crenças e experiências espirituais.

Laroyê!

Ha Ha Ha Ha Ha Ha Ha…

Taiane Macedo: Mãe Tai.

Sou Deusa.
Sou Dama da Noite.
Da calunga.
Da encruza.
Sou a noite que tece o feitiço, a magia.
Trago o perfume das rosas.
Sou o punhal que corta o mal dos olhos de quem não me vê.
Não encanto pelo que sou.
Mas sim por aquilo que me recuso a ser.
Sou a voz de Aruanda.
O meu grito é de liberdade.
Eu não ando, eu flutuo.
Arreda homem, que aí vem mulher!

*Ana Mametto (*Poema *"Dama da Noite Roda")*

Assista agora ao clipe (Dama da Noite Roda)

A seguir, acompanhe as entrevistas com os dirigentes religiosos.

Entrevistado 1: Dirigente de Umbanda da cidade de São Paulo

Quantos anos você tem?

51 anos.

Qual a sua religião e há quanto tempo atua nela?

Umbanda, desde 1995 – 29 anos.

O que representa a Pombagira na sua religião?

Pombagira representa uma entidade espiritual, um guia, uma amiga, uma mestra, uma irmã, mãe, a força da mulher e também uma divindade, um orixá de origem em Angola – Congo (banto), Pambunijila, tornada Orixá Pombagira.

A Umbanda é uma religião brasileira, com origem afro, com influência europeia, com alguns traços também da cultura nativa, que se aproxima da pajelança. Uma religião na qual se manifestam espíritos e divindades que reconhecemos como Orixás da cultura Nagô Iorubá. Os espíritos que se manifestam na Umbanda se organizam e se classificaram em linhas de trabalho ou arquétipo. Temos o arquétipo na linha de caboclos e cabocla, que é o homem simples que tá muito próximo ao nativo, temos a linha e o arquétipo do preto-velho, que é o negro ou a negra que foram escravizados e que trazem a força, a resistência, a sabedoria e a representatividade de uma ancestralidade africana, temos também, entre outras linhas, o Exu que é muito conhecido e também controverso. Exu atrai muita curiosidade e muita crítica por causa da demonização da divindade Exu, do Orixá Exu. O mesmo se dá com a Pombagira, uma demonização da imagem da Pombagira, a demonização da imagem da mulher.

Umbanda é religião, e como qualquer outra religião, vive e pratica apenas, exclusivamente, o bem.

Pombagira, junto com Exu, se manifesta à esquerda, eles estão relacionados ao lado esquerdo do humano, o lado emocional. É como pensar no cérebro que tem o lado racional e o lado emocional. O emocional está relacionado à nossa sombra, a tudo que está mal resolvido, onde estão os nossos vícios, os nossos males, os nossos erros. Então Exu e Pombagira à esquerda trabalham para nos proteger da nossa própria sombra e da sombra que vem de fora do mundo. Essa maneira de se referir a Pombagira e Exu como guardiões é muito recente. Podemos dizer que a partir da década de 90, principalmente com o livro O Guardião da Meia-Noite, *de Rubens Saraceni, Exu, que sempre foi mal compreendido dentro da própria Umbanda, passou a ser chamado de Guardião e a sua companheira, aquela que também trabalha na esquerda, assim como ele, passou a ser chamada de guardiã. Eles guardam os terreiros.*

Para muitos teólogos, Pombagira é considerada um Exu--Mulher. Você concorda com esse pensamento? Por quê?

Pombagira é para a mulher o que Exu é para o homem. Dizer que é um Exu mulher é o mesmo que dizer que Nossa Senhora é o Jesus mulher. É uma inabilidade do homem em entender, reconhecer ou explicar a força e o mistério da mulher.

Exu já era conhecido, todo mundo sabe quem é Exu. Um Orixá Africano, e ninguém conhece Pombagira. Então, você está rezando para os Orixás, Xangô, Oxalá, Ogum, Oxum, Oxossi, Iemanjá e Exu. Todo mundo conhece. No entanto, se você falar Pambunijila, não é Orixá, porque é da cultura Bantu, ninguém conhece Pambunijila.

Essa fato de reconhecer que Pombagira vem do termo Pambunijila não partiu da literatura antiga, é recente esse reconhecimento. Temos o livro de João do Rio, um livro de 1904, chamado As Religiões do Rio, *e lá ele cita alguns Orixás, ele já põe o nome Pombagira no meio. Pombagira nos parece uma palavra da língua portuguesa, então se essa palavra está na língua portuguesa, todos somos levados a crer que essa palavra foi inventada no Brasil. Diferentemente de Exu, que vem da cultura Nagô Iorubá, do mesmo lugar que Oxalá, Xangô. E Pombagira? Acaba sendo reconhecida como companheira dele. Ela é uma Índia? Não. Ela é uma Preta-Velha? Não. Ela é uma prostituta? Não. Ela não é uma prostituta. Então ela é o quê? Ela é uma companheira de Exu.*

Há uma inabilidade de explicar a Pombagira a partir dela mesmo, ela representa uma mulher independente, uma mulher forte, dona do seu próprio corpo, uma mulher que pode ser irônica, escrachada, feliz. Pode beber, fumar, gozar, pode servir quantos homens ela quiser ou pode ser de homem nenhum.

O homen tem medo dessa mulher, e daí passa a dizer que ela é algo pior que existe. Essa é a demonização.

Como você descreve a ambiguidade da Pombagira?

Eu não vejo ambiguidade na Pombagira.

Tá escrito na literatura, o mal está em quem pede tanto pra Exu, quanto pra Pombagira. Isso está errado!

Diante da família tradicional brasileira moralista, a mulher forte representa o mal. Quando a gente fala da ambiguidade, estamos falando a partir do olhar de quem? Estamos falando do olhar moralista? A mulher ser forte, dona do próprio corpo, dona da própria sexualidade, para o olhar moralista, isso é o mal. Prejudicar alguém é o mal? Ou o mal é o tipo de liberdade que essa sociedade moralista não quer? Será que realmente ela faz o mal? Ou estão dizendo que ela faz o mal para destruí a imagem dela como foi feito com Lilith? Será que Lilith é uma mulher demônio, ou criaram isso para destruir a imagem da mulher forte?

O que desperta para você a intolerância religiosa em relação à imagem da Pombagira?

A união do machismo com o racismo ao mesmo tempo, a liberdade da mulher e o racismo religioso.

Exu, ele sofre o racismo religioso. Exu é considerado o diabo e o mal por conta do racismo religioso. Ele vem de uma cultura negra, porque ele vem da África. Quem considera Exu diabo faz parte da cultura judaico-cristã. Portanto, se Exu é diabo e Pombagira o acompanha, ela é diabo também.

A ambiguidade quando passa pela demonização, ela passa por um filtro judaico-cristão.

Na Umbanda não tem diabo, no Candomblé não tem diabo.

A Pombagira pode ser considerada um espírito evoluído? Por quê?

O conceito da evolução é euro-ocidental e muito ligado religiosamente a modelos cristãos de conceito do que é bom ou ruim. Desta forma, a mulher evoluída deve ser pura, virgem, casta e do lar. Creio que o conceito não se aplica para avaliar Pombagira.

Pombagira é mulher, e deve ser respeitada como tal, por meio de alteridade e equidade. A ideia do que deve ser evoluído ou não é indiferente para ela ou para mim.

O conceito de evolução está ligado ao modelo de um moralismo.

O espírito evoluído é um espírito de luz. O espírito de luz não quer mais sexo, não quer mais ser sensual, transcendeu a matéria.

O ser de luz não precisa mais de nada do mundo material, a Pombagira diz que este mundo é bom, ela diz que a sensualidade é energia que move a vida, ela diz que ela é mulher, é sensual e independe, se o homem é sensual, é Pombagira.

Todos os conceitos de evolução vão contra a isso, e isso transcende a ideia de evolução.

A tentativa de transformar a Pombagira em espírito de luz, um espírito evoluído, foge totalmente da ideia do que ela vem trabalhar, do que vem fazer. Luz é um modelo. Quem quer ir para esse modelo de luz?

A Umbanda copiou o espiritismo quando diz que Pombagira tem que ser doutrinada para trabalhar no terreiro. Que Pombagira é essa que precisa ser doutrinada? Ela precisa parar de rebolar, precisa parar de ter a energia de sedução, ela precisa parar de fumar, beber, gargalhar alto, ela precisa parar de ser livre?

É dizer não à Pombagira, enquanto ela vem dizer que podemos fazer o que quisermos.

Estamos falando de um lugar que a maioria dos umbandistas não enxerga. A maioria dos umbandistas acha sim que tem que doutrinar a Pombagira, que a Pombagira é um espírito de luz, e se ela é de luz, ela tem que se comportar, ser recatada e do lar.

A imagem de Pombagira ganhou novas interpretações ao longo dos anos. Como você descreve a Pombagira na atualidade?

Pombagira é a mulher, a força da mulher, a Deusa.

Temos duas realidades dissonantes que podem ser observadas. Eu tinha um terreiro de Umbanda, em um centro urbano, organizado e que seguia a doutrina espírita, com leitura, com educação mediúnica. Eu também tinha um outro terreiro de Umbanda que ficava localizado em uma favela, não tinha leitura, não tinha estudo. Geralmente os centros de Umbanda liam livros psicografados pelo espiritismo, do Kardecismo, todos querendo doutrinar o espírito da Pombagira para ser de luz. No outro terreiro, de Umbanda que ficava localizado na favela, tinha uma outra realidade. Na comunidade, você tem uma mulher que trabalhou o dia inteiro, uma mulher negra, doméstica, num ambiente de exploração. À noite, quando essa mulher chega na favela, no terreiro, a Pombagira vem com toda força, solta ela, fazendo ela feliz, ali ela ri, dança, se diverte.

A estrutura da sociedade faz com que essa mulher não se veja rainha, e ela só consegue se ver rainha à noite, no terreiro.

As construções para mostrar a Pombagira evoluída, de luz, desconstroem a essência dela de natureza sensual, sexual, da carne, do corpo. Novos olhares para a mulher como protagonista da vida, da religiosidade; ainda há uma opressão absurda, violenta, com essa evolução construída pela sociedade, e a Pombagira se torna recatada e do lar.

Qual a relação da sua religião com a Pombagira?

Embora a divindade Pambunijila seja milenar e ancestral na cultura bantu, a origem da Pombagira é na Umbanda, é na Umbanda que Pombagira se populariza e se estabelece. Pombagira é inseparável da Umbanda e vice-versa.

Pombagira na Umbanda é a importância da mulher, de quem é a mulher, que lugar a mulher ocupa, a independência da mulher, a relação com o corpo, o lugar de vencer o machismo. É uma luta diária.

A Pombagira na Umbanda representa a não repressão e a liberdade.

Na sua opinião, quais aspectos da Pombagira deveriam ou não estar presentes no universo feminino atual?

Liberdade!

Toda mulher é Pombagira em potencial, quando se sente forte e dona de si, está Pombagira.

O mesmo para o homem, quando deixa de ser macho (machista) e se torna apenas homem, equilibra a força Pombagira (mulher) em si.

Tudo que a Pombagira tem é admirável.

Para você, o que é a Umbanda?

Umbanda é uma cultura, tradição, mística, olhar de mundo, é o que eu sou, é o Xamã, o condutor, e pode ser religião também, embora o conceito religião seja pequeno e pobre para descrever Umbanda.

Umbanda sou eu, é você, é uma tradição, é uma filosofia, é um olhar, é uma maneira de viver a vida. A Umbanda é uma religião enquanto rótulos, mas enquanto expressão humana, é divina e sagrada, transcende tudo que pode ser considerado religião, que é algo muito pequeno para definir ela. Umbanda é a vida.

O dia em que eu definir o que é a vida, ou definir Deus, eu vou conseguir definir a Umbanda.

Umbanda é algo aberto, vivo, em constante mudança.

Por que a Orixá Pombagira desperta um comportamento de violência simbólica por parte de algumas pessoas?

A violência simbólica, ela acontece por conta do racismo religioso unido ao machismo, que é a mesma questão da intolerância do início das perguntas.

Vou deixar aqui uma curiosidade.

A Umbanda é uma religião que, em sua maioria, é formada por mulheres, cerca de 70%. Mas a grande maioria dos líderes, dos dirigentes, dos sacerdotes, são homens. Então, são homens comandando mulheres, dizendo como elas têm que incorporar, como elas têm que agir, para serem aceitas dentro do terreiro deles.

Aqui em São Paulo e Rio de Janeiro, a maioria dos dirigentes são brancos, boa parte desses brancos têm origem europeia, existem um machismo e um racismo instalados na Umbanda, por causa da construção de um período histórico, da reconstrução espírita, de um espiritismo europeu branco.

A Umbanda precisa ser um espiritismo para ser aceita, inclusive para ser registrada em cartório e tudo mais. E o espiritismo traz o ranço católico do pecado, das trevas, da mulher que tem que ser Eva, que tem que ser a costela de Adão.

Poucas mulheres são dirigentes de Umbanda, pelo menos em destaque, comparadas aos homens. Podemos verificar isso na literatura de Umbanda, a maioria dos autores são homens.

No entanto, quando a mulher é dirigente, é muito comum que o guia chefe dela seja homem, Caboclo, Preto-Velho, Exu, porque ainda tem essa ideia da força masculina para comandar.

Entrevistado 2: Padre da Igreja Católica da cidade de Salvador (BA)

Quantos anos você tem?

70 anos.

Qual a sua religião e há quantos tempo atua nela?

Sou anglicano, atuo há 12 anos.

O que representa a Pombagira na sua religião?

Ela não aparece formalmente nos documentos da igreja.

Está presente sim na prática de muitos fiéis, como figura respeitada, amada ou temida.

Para muitos teólogos, Pombagira é considerada um Exu-Mulher. Você concorda com esse pensamento? Por quê?

É muito complexo, eu conheço Pombagira da Umbanda, então, minha percepção, parece que a energia é Exu. Não identifico Exu como masculino, identifico como uma energia que tem várias formas de expressões, Zé Pilintra, Pombagira, Tranca Rua. Assim que eu a entendo.

Como você descreve a ambiguidade da Pombagira?

Acho-a inteira, complexa, mas não ambígua. Vejo-a como a expressão da nossa humanidade no que ela tem de mais verdadeiro.

O que desperta para você a intolerância religiosa em relação à imagem da Pombagira?

Abomino toda sorte de intolerância. Quando se trata de intolerância com a Pombagira, entendo esta como mais uma expressão de racismo religioso.

A Pombagira pode ser considerada um espírito evoluído? Por quê?

Muito. Porque ela alcança muito mais do que alcança a simples humanidade, o ser homem, o ser mulher, ela transcende essas dimensões, ela atua no plano material, mas também no plano transcendente. Acho muita evolução, ela consegue penetrar no sentimento das pessoas, transformar realidades, isso é de grandes espíritos de luz.

A imagem de Pombagira ganhou novas interpretações ao longo dos anos. Como você descreve a Pombagira na atualidade?

Mulher, sensual, vaidosa, terna, forte, defensora, protetora, verdadeira.

Qual a relação da sua religião com a Pombagira?

Muito respeito, gratidão e carinho.

Na sua opinião, quais aspectos da Pombagira deveriam ou não estar presentes no universo feminino atual?

"Cada um sabe a dor e a delicia de ser o que é." Cada qual no seu cada qual. Pombagira sabe dar a cada mulher o que ela precisa.

Para você, o que é a Umbanda?

Uma religião muito próxima da realidade do povo brasileiro. Religião que reúne em modo harmônico expressões e práticas de diversas religiões praticadas no Brasil e no mundo.

Uma religião indissociável da prática da caridade.

Por que a Orixá Pombagira desperta um comportamento de violência simbólica por parte de algumas pessoas?

Negar o desconhecido tem sido, ao logo da história, o modo mais simples e cruel de afirmar a própria hegemonia.

Praticar violência contra a Pombagira pode ser um modo de negar o que não sou eu ou o que eu não quero ser.

Quando esta violência é institucional, pode ser racismo religioso, e aí se reveste de ainda maior crueldade.

Entrevistado 3: Pastor da Igreja Adventista do Sétimo Dia da cidade de Lauro de Freitas (BA)

Quantos anos você tem?

72 anos.

Qual a sua religião e há quanto tempo atua nela?

Eu tenho 42 anos de atividade como Pastor da Igreja Adventista do Sétimo Dia.

O que representa a Pombagira na sua religião?

Baseado na cultura bíblica, não há aceitação dessa figura na Bíblia.

Ela não tem uma representação positiva na minha religião.

Pombagira é uma coisa que não foi Deus que criou.

Eu estou falando mais baseado na Bíblia, lá no livro do Apocalipse, capítulo 12:12, diz assim:

Festeja o céu, o diabo caiu sobre a terra, sabendo que pouco tempo lhe resta, então o diabo se manifesta no que ele quiser, em Pombagira. Foi lá no jardim do Éden que ela começou enganando Eva, a serpente enganando Eva.

Lilith e Pombagira são misturadas.

Para muitos teólogos, Pombagira é considerada um Exu-Mulher. Você concorda com esse pensamento? Por quê?

Não sou teólogo, mas até onde sei, a Teologia Adventista não faz nenhuma definição sobre isso.

Como você descreve a ambiguidade da Pombagira?

Não tenho como descrever, pois não faz parte do nosso estudo religioso.

O que desperta para você a intolerância religiosa em relação à imagem da Pombagira?

Como Adventista do Sétimo Dia, defendemos a liberdade religiosa, e pregamos a Bíblia.

A Pombagira é algo negativo.

A Pombagira pode ser considerada um espírito evoluído? Por quê?

Na nossa crença sobre o espírito do homem é diferente. Cremos que o homem é composto de pó da terra, matéria, sopro de vida, como tá lá em Gênesis, capítulo 27. Sopro vital de Deus. Quando o homem morre, o fôlego vai pra Deus e o pó volta pra terra. Não tem evolução espiritual, morreu acabou.

No livro de Gênesis, capítulo 2, versículo 7, diz assim:

E formou Deus o homem do pó da terra, e soprou na narina do homem o sopro de vida, assim, o homem passou a ser alma vivente. Isso quer dizer, eu não tenho uma alma dentro de mim e você não tem uma alma dentro de você. Você é uma alma. Na minha igreja tinha 35 mulheres, eu estou dizendo que na minha igreja tinha 35 almas.

Quando Deus disse para Adão e para Eva não comer do fruto proibido, o que foi que a serpente disse? Que podia comer, se comesse ele não iria morrer. A serpente o enganou e disse para Eva que ela poderia comer, se ela comesse, ela passaria a ser igual a Deus, passaria a conhecer o bem e o mal. Depois que Adão e Eva comeram o fruto, perderam a vida eterna.

No livro Isaías, capítulo 24 em diante, diz assim:

Na verdade, a terra está contaminada por causa dos seus moradores, pois eles transgridem a lei e violam o estatuto eterno, por isso a maldição consome a terra e poucos homens restarão. Depois que Adão e Eva pecaram, acabou, hoje vocês podem ver o que acontece no mundo, as pessoas morrendo, misérias, Deus não criou o ser humano pra viver assim não. Deus criou o ser humano pra viver eternamente.

A imagem de Pombagira ganhou novas interpretações ao longo dos anos. Como você descreve a Pombagira na atualidade?

Nós respeitamos, é uma questão de religião, respeitamos a todos. Depende de como as pessoas veem a religião, de como veem a conduta da pessoa.

Qual a relação da sua religião com a Pombagira?

Nenhuma! Absolutamente nenhuma.

Na sua opinião, quais aspectos da Pombagira deveriam ou não estar presentes no universo feminino atual?

Eu creio que a mulher não deveria ter nada de Pombagira, tudo que há nela é fora dos princípios divinos. A mulher não deveria ter absolutamente nada da Pombagira.

Para você, o que é a Umbanda?

Pelo pouco que conheço, é um culto afro-brasileiro.

No passado, Umbanda era conhecida como seita, e hoje é conhecida como religião. Mas só que não é uma religião, é uma seita.

Foram os escravos que criaram esse culto.

O culto da Umbanda não é dedicado a Deus, é dedicado às mediunidades, à serpente, ao inimigo que pode entrar em qualquer pessoa, até no animal.

Nem todas as pessoas são médiuns, só as pessoas fracas.

Quando a gente busca a Deus, quando a gente serve a Deus, o Satanás não gosta.

Na Bíblia, é dito que você não pode amar dois senhores, não pode ficar na igreja e na Umbanda, ou no Candomblé, não pode servir a Deus e ao inimigo, porque um dos dois vai se aborrecer. A Bíblia diz isso.

Por que a Orixá Pombagira desperta um comportamento de violência simbólica por parte de algumas pessoas?

Nós fizemos um estudo que diz que é por causa da intolerância religiosa, por pessoas e instituições que não sabem apresentar sua religiosidade com respeito à diferença. Religião não pode ser imposta.

O evangelho é uma proposta segundo a Bíblia, pode ser recusada, pois o ser humano tem livre- arbítrio pra escolher.

Pra mim, a Pombagira é o mal, pois ela não traz nada de bom.

Pelo que eu sei, pelo que eu já li, ela não traz paz à família, se não traz paz, não é divino.

Ela fuma, bebe, ainda dizem que ela tem que viver livre. Nós não pudemos viver totalmente livres, porque nós temos um Deus que nos guia.

Para a Igreja Adventista, a Pombagira é atrelada a vícios e à prostituição.

Satanás existe, ele era um anjo de luz que caiu do céu. Em Apocalipse 12:12, diz, que ele caiu do céu, e quando caiu, veio com o papel de distruir a humanidade.

Satanás trouxe outros anjos com ele, quando eles caíram na terra, deixaram de ser anjos e passaram a ser demônios.

Hoje as religiões botam nomes nessas entidades, nesses demônios, uns chamam de Exu 7 Facadas, outros de Exu Caveira, Maria Padilha, Pombagira, Maria Mulambo. As religiões afro-brasileiras usam nomes para esses demônios. O Candomblé põe nomes e associam com a igreja católica, como: Santo Antônio, Ogum, São Jorge, Oxóssi. Todos são representantes de Satanás.

Eles fazem desmonte nas famílias, fazem acontecer acidentes, tudo que acontece de ruim no mundo é causado pelo trabalho dessas entidades. São os causadores do mal.

Pombagira é um anjo do mal caído.

Entrevistado 4: Dirigente do Centro Espírita da cidade de Salvador (BA)

Quantos anos você tem?

63 anos.

Qual a sua religião e há quanto tempo atua nela?

Religião Espirita, 48 anos de vivência, fundando a instituição que dirijo há 17 anos.

O que representa a Pombagira na sua religião?

De um modo geral, no meio espírita, há grande preconceito contra espíritos que não se identifiquem com padrões estereotipados de "evolução". Pessoalmente, vejo como um espírito em evolução, como todos nós. Não saberia avaliar conteúdo de sentimentos, intenções...

Para muitos teólogos, Pombagira é considerada um Exu-Mulher. Você concorda com esse pensamento? Por quê?

O conhecimento que tenho sobre os orixás e entidades da Umbanda é superficial, excluindo os pretos-velhos e caboclos. Não saberia, consequentemente, fazer tal avaliação. Por outro lado, no entanto, considero que há expressões muito fortes de identificação com o imaginário feminino, ou fantasias de várias mulheres. Uma espécie de inconsciente coletivizado (para não falar coletivo, na linguagem de Jung)

Como você descreve a ambiguidade da Pombagira?

Como disse antes, não me sinto em condições, por desconhecer, para adentrar em aspectos tão específicos. Todavia, por analogia, concebendo-a em processo evolutivo, como todos estamos, vejo que a ambiguidade faz parte, considerando o momento, a situação que possa se avaliar. Falo de contexto, da emoção vigente, na circunstância reativa a alguma ação que venha de encontro à pessoa, ao espírito, à entidade.

O que desperta para você a intolerância religiosa em relação à imagem da Pombagira?

A hipocrisia humana, na consideração de que o que precisa ser contato nas relações é a aparência, não a essência. Seria, grosseiramente comparando, achar que uma pessoa, por gostar de brincar Carnaval, por exemplo, não poderia ter sentimentos bons, pois gosta de festa...

A Pombagira pode ser considerada um espírito evoluído? Por quê?

Honestamente, neste aspecto, e por analogia, como venho fazendo em minhas considerações e pelo meu conhecer da entidade superficialmente, penso que não. Haja vista a sua forma de se comunicar, de se posicionar... Vejo, repito, como uma entidade em evolução.

A imagem de Pombagira ganhou novas interpretações ao longo dos anos. Como você descreve a Pombagira na atualidade?

Mais uma vez esta pergunta bate na limitação dos meus conhecimentos específicos a esta entidade, mas acredito que, de um modo geral, ainda que sob grandes ataques de determinados segmentos evangélicos, as entidades, os orixás do Candomblé estão sendo mais bem compreendidos, descolando um pouco mais daquela visão de outrora que se baseava no "maligno", "demoníaco". Em grande parte, penso, pela inserção mais corajosa dos adeptos e de pessoas que compreendem que não há religião melhor que a outra, e sim comportamentos que se diferenciem pelo bem, pelas boas intenções.

Qual a relação da sua religião com a Pombagira?

Não guardamos ligação, como já explicado anteriormente. Sempre houve muito preconceito com essas entidades, espíritos que não se moldassem a uma espécie de ideal aceito, como espíritos superiores. Há nitidamente, em minha avaliação, um alinhamento com a posição higienista que ocorreu no Brasil do começo do século XX, onde também o Espiritismo passou a se firmar mais nestas terras.

Na sua opinião, quais aspectos da Pombagira deveriam ou não estar presentes no universo feminino atual?

Em opinião pessoal? A liberação de seus desejos, sem travas de preconceito, mas ainda entendendo que "tudo me é lícito, mas nem tudo me convém", como diria Pedro, o apóstolo.

Para você, o que é a Umbanda?

A Umbanda é a religião genuinamente brasileira, que surgiu de um processo profundo de discriminação dentro da minha religião. Dentro do Espiritismo, exatamente com base no que expus antes... E a própria história de criação da Umbanda, pelo médium Moraes.

Por que a Orixá Pombagira desperta um comportamento de violência simbólica por parte de algumas pessoas?

Por ignorância, preconceito e processo de difusão de achismos, por parte de alguns tidos como líderes religiosos, que guardam interesses e conveniência nem sempre confessados. Infelizmente, ainda se acredita muito no ouvir falar, sem buscar comprovar, compreender, conhecer de fato.

Entrevistado 5: Líder Religiosa do Terreiro de Candomblé da cidade de Salvador (BA)

Quantos anos você tem?

Primeiramente, quero agradecer a você pela oportunidade. A gente nunca tem a mídia a nosso favor, então participar dessa entrevista e contribuir para desmistificar a falta de informação de algumas entidades no Candomblé da própria religião, pra mim, é de suma importância, é uma grande honra.

Tenho 57 anos de idade.

Qual a sua religião e há quanto tempo atua nela?

Assumi a casa Abassa de Ogum a partir de um momento de muita dor. Um caso de intolerância religiosa que minha mãe sofreu, então, eu me tornei ativista na luta, não de formação por ser do movimento negro, mas por entender que nós, mulheres pretas, precisamos estar à frente da luta.

Estou no Candomblé desde 3 anos de idade, na verdade, a única religião que eu conheci foi o Candomblé.

Não entrei no Candomblé por dor nem por uma necessidade, mas por amor mesmo.

Eu me iniciei com 19 anos e tenho 37 anos dentro do sacerdócio.

O que representa a Pombagira na sua religião?

Na verdade, pra mim, a Pombagira representa uma força muito mágica, eu vejo que pra mim, que sou do Candomblé, quando a gente fala de Exu, a gente não faz uma correlação com a Pombagira, quando a gente inicia uma pessoa de Lebara, ou de Bara, ou seja, Exu. Há uma diferença no Orixá Exu que você inicia, e há uma diferença nessas entidades que é Pombagira, que é Cigana, e que as pessoas chamam de Cativo, também chamadas de escravo do Orixá. Eu não curto muito essa linguagem. Eu acredito que Pombagira é uma continuidade do natural, que é a vida, o sobrenatural. Eu sou uma mulher de Oxum, e acredito que a minha forma de cultuar a Pombagira é trazer a minha vida humana mais próxima de mim. Pombagira é esse encantamento de vir, de conversar, de dar consultas.

Aqui no Abassa de Ogum, eu cultuo Pombagira de uma forma muito oculta, porque eu acho que a gente precisa não mostrar que Pombagira é humana demais. Eu acho que tem pessoas ainda na religião que traz a Pombagira, como a sua vida particular, que termina se promovendo através da Pombagira. Eu não concordo muito com isso, isso é a minha ideologia e da minha casa. Eu cultuo Pombagira uma vez no ano, mas cultuo de forma diferente, eu não acredito que a Pombagira amarre ninguém, que faça o mal, ela é uma divindade da alegria, ela traz a saia rodada e, dentro dessa saia, ela traz muitas coisas. São mulheres que pra mim tiveram vidas próprias e reencarnaram de forma diferente, como a evolução espiritual.

Tem Pombagiras que chegam e que precisam ser cultuadas, a palavra assentar a Pombagira não é assentar pra mim, a gente firma o legado dela, quando você dá uma roupa, quando você dá champanhe, quando você dá rosas vermelhas, quando você dá perfume, você traz de volta pra ela a vida que foi arrancada.

Geralmente dizem que as Pombagiras viveram no cais, foram prostitutas, existem algumas histórias erradas.

Pra mim Pombagira nada mais é do que mulheres empoderadas, mulheres que têm sabedoria de conduzir as respostas que se buscam nelas. Às vezes a mulher chega no terreiro dizendo que está sendo espancada pelo marido, não sabe se libertar.

Não precisa nem fazer um Ebô (Oferenda) para Pombagira, basta ela fumar um cigarro, abrir uma champanhe, e falar: Mulher saia disso.

Eu acredito muito na energia que a gente busca na divindade, as pessoas é quem mudam a energia da Pombagira.

Tem pessoas que incorporam a Pombagira e traz a sua vontade pra sua entidade, e termina misturando o natural e o sobrenatural. Eu consigo separar muito bem a minha força de mãe Jaciara, porque eu sou ousada, eu sou guerreira, mas a minha Pombagira, ela tem um toque que me dá mais força ainda.

Às vezes ela não precisa incorporar em mim, basta ela estar aqui agora comigo.

Para muitos teólogos, Pombagira é considerada um Exu-Mulher. Você concorda com esse pensamento? Por quê?

Não. Muito pelo contrário. Exu é Exu, homem, Marabô, Mavambo, Tranca Rua, são os Exus mais falados, Zé Pelintra, um formato homem. Pra mim, a Pombagira, ela tem outra essência.

Isso é submissão, é pra dizer que a mulher, pra ser Pombagira e ser mulher, tem que ser do homem. Um reinado de um Exu é muito forte, Tranca Rua, o reinado de Marabô, mas o reinado de uma Pombagira é somente dela. Eu conheço terreiro de Candomblé que se afirma de uma Pombagira, é ela que traz a essência, a Ialorixá joga búzios, é iniciada de Iansã, ou é iniciada de Oxum, mas a Pombagira traz um toque, uma proteção diferente, ela traz o encantamento pra casa, que não é como falam de qualidade de Pombagira, não é essa mulher da sexualidade, de seios fartos que se esfrega no homem, a Pombagira traz a força dela no pisar no terreiro.

Tem pontos de Pombagira que é muito forte, tem um que canta assim:

"Pombogira dá amor
Pombogira dá caminho
Pombogira dá amor
Pombogira dá caminho
Ter felicidade nos seus caminhos
Em seu coração
A Pombogira faz um ninho."
(Ponto de Pombagira)

Tem pontos dela que é história resumida da atualidade das mulheres sofridas, de mulheres abandonadas, e das mulheres também que conquistaram o reinado, né? E foram todas de bordes, cabarés, que se tornaram mulheres ricas, de muito poder, tanto no âmbito financeiro quanto no âmbito político. Essas mulheres do cais que articulavam as negociações políticas do país.

Como você descreve a ambiguidade da Pombagira?

Não. Esse assunto é muito polêmico na minha vida, porque eu não acredito que existe essa ambiguidade com a Pombagira, nem com nenhum Exu, nem com Orixá, nem com a própria Ialorixá. A pessoa é quem traz a negatividade quando vem consultar dizendo para a Pombagira: eu quero que você faça chover no nordeste porque a seca existe. A Pombagira vai fazer isso, mas se outro cliente falar para Pombagira que quer que o sol seja permanente, que não chova, então, depende de que forma a Pombagira é cultuada e da forma que a Ialorixá conduz a sua divindade. A Pombagira é que nem um filho, você cria seu filho pra o mundo, mas você não sabe o que ele vai ser lá na frente, mas se você dá uma boa educação doméstica, vai ser um bom filho.

Eu sou uma ialorixá e eu não acredito no mal, eu não acredito que a mão que vai fazer um Amaci (banho de folhas) de pétalas de rosas, que vai lavar um ori (cabeça), essa mesma mão vai pular cemitério, vai costurar boca de sapo, vai amarrar boneco, eu não acredito que você faça um aborto de manhã e faça um parto à noite. Você tem que escolher dentro do seu coração o bem ou o mal, e eu escolhi o bem. Eu estou plantando pra colher, e isso é mágico. Isso é Pombagira.

O que desperta para você a intolerância religiosa em relação à imagem da Pombagira?

A própria religião, tudo que vem do Candomblé que é exótico, é o mal. Até um turbante, que se torna um adereço, faz com que o outro macule aquele turbante. A intolerância religiosa, essa palavra não é apropriação do povo de Candomblé que quer se vitimizar, mas as pessoas usam o tempo todo o mecanismo para nos atacar. Até a forma de você falar é um feitiço. Você ver pessoas de turbante que não é nem do Candomblé. Ela foi à África, passou em Paris, conheceu um africano e comprou um turbante. O que faz despertar a intolerância religiosa é a falta de conhecimento, esse seu trabalho vai servir de apoio para acabar com a intolerância religiosa, você vem para desmistificar o que se fala da Pombagira.

A Pombagira pode ser considerada um espírito evoluído? Por quê?

Com certeza, pra mim a Pombagira tem a evolução a partir da forma que ela consegue se encarnar e se reinventar neste mundo, neste panteão, onde pessoas querem quebrar e queimar a Pombagira. Teve um fato, acho que foi no Rio, uma casa de Umbanda que vende coisas e que pegou fogo, a Pombagira permaneceu o tempo todo intacta. Ha, Ha, Ha... Isso é Pombagira! Isso é magia!

Magia pra mim não é magia do mal, magia pra mim é de encantamento.

A imagem de Pombagira ganhou novas interpretações ao longo dos anos. Como você descreve a Pombagira na atualidade?

Perfeito, eu acho que o empoderamento feminino, a forma como as mulheres têm ocupado espaço, embora às vezes alguns espaços que dá uma visibilidade, como Marielle Franco, que termina sendo uma mulher que chega para dar um tom dentro do âmbito político e ela é silenciada, morta com tiros, assim também foram mulheres que se tornam um espírito evoluído como a Pombagira, como tantas bruxas que foram queimadas em nome de Deus, que hoje também se tornaram uma ancestral pra mim.

Quanto mais se matam mulheres pretas de Candomblé, mais empoderamento se tem.

Eu acho que eu vou ser uma Pombagira, uma amiga minha que diz isso pra mim, Ha, Ha, Ha...

Eu vou ser essa Pombagira revolucionária, eu digo que quando eu morrer, eu vou ter asas douradas e vou entrar no útero de muitas mulheres pra dizer: olha, sacode aí, vamos mudar.

"Sua saia é dourada
Cada ponta tem uma fita
Sua saia é dourada

Cada ponta tem uma fita
Sete fita tá na gira
Sete fita gira gira" (Ponto de Pombagira)
Mojuba!

Qual a relação da sua religião com a Pombagira?

Falar da relação com Pombagira sendo uma ativista na luta contra a intolerância religiosa é muito fácil pra mim, de Pombagira e de Exu! A relação com ela é uma relação de amiga. Outro dia, ela ficou sem vir por muito tempo, e eu falei: "Nossa, Sete Fita me abandonou, ela botou a mochila e foi embora". Eu converso com ela como se ela não fosse uma entidade, mas uma estrelinha de cabeceira.

Eu nunca tinha feito terapia, mas acho que eu já vinha fazendo há muito tempo com a minha Pombagira, ela é minha terapeuta.

Na hora em que eu vou pra algum lugar, eu sempre pergunto pra ela: será que eu vou? Sete Fita me resolve. Eu vou no quarto dela, me abaixo, boto perfume nela. Recentemente eu dei obrigação de 21 anos e mudei ela toda, enfeitei ela, eu mesma fiz. Eu dou o tom dela de acordo com a minha vontade, ela sou eu e eu sou ela.

Na sua opinião, quais aspectos da Pombagira deveriam ou não estar presentes no universo feminino atual?

Altivez, a mulher pode estar com o sapato quebrado, sem o salto, mas ela tem que botar o bicão na diagonal. Pombagira traz isso, traz uma força, mesmo você chorando por dentro, a Pombagira consegue lhe dar cílios. Compreende?

Pra você piscar os olhos e dizer: eu tô aqui.

Eu poderia explorar muito mais esse lado da Pombagira, no sentido de incorporar, mas eu tenho tanto ciúme dela que eu guardo ela muito pra mim, eu tenho ela como um amuleto; e eu acho que se ela incorporar muito, ela vai se humanizar demais.

Quando você incorpora muito a Pombagira, você acaba pegando muito a energia da vida humana e eu gosto que ela seja tribal. Não acho bom trazer roupas produzidas como eu vejo ultimamente, Pombagira chegar de limusine em uma casa de show, isso me angustia muito. Aí pra mim não é Pombagira, aí é a vontade humana.

Eu mesma adoro motorista, trabalhei no governo e dizia que um dia eu ia ter uma limusine dourada, para eu chegar nos lugares e o motorista abrir a porta pra mim. Mas isso não é a Pombagira, sou eu mesma, a vontade minha de empoderamento. Como Ângela Davis diz, quando a mulher se mexe na pirâmide, a gente mexe o mundo.

Pegar Pombagira no terreiro é pra ter uma essência de amor, é trazer alegria, trazer proteção. Pombagira não faz o mal, quem faz o mal é o humano.

Já no quesito do que não deve se ter da Pombagira, eu digo que é a sedução exagerada, não só por causa desse momento de estupro coletivo, a mulher é estuprada porque tá com a roupa assim, não é isso. Eu acho que o oculto é muito mais mágico do que o muito visto.

Para você, o que é a Umbanda?

A Umbanda pra mim é uma religião como outra qualquer, não conheço muito, mas respeito.Tenho muitos amigos que são da Umbanda, mas acredito que a Umbanda, por ter mais de 100 anos, foi muito forte de permanecer devido à forma do seu surgimento. A Umbanda surge dentro de um centro espírita que não queriam aceitar uma incorporação de uma entidade. A Umbanda é uma forma de resistência. Eu amo a Umbanda, eu já recebi no meu terreiro Pai Raimundo de Xangô, ele trouxe a corte dele pra dançar na minha casa. Eu não posso falar de intolerância religiosa sendo ativista e não comungar dessa fonte. Respeito muito a Umbanda e acredito que a Umbanda tem muita força, até porque as entidades da Umbanda são muito mais cultuadas a nível de Pombagira e Exu do que o próprio Candomblé. A Umbanda traz isso muito vivo.

Por que a Orixá Pombagira desperta um comportamento de violência simbólica por parte de algumas pessoas?

Acho que a violência simbólica é por conta do arquétipo, uma mulher de seios fartos, boca grande, a sedução que diz, tome meu corpo, e não é. Pra mim, quando a Pombagira faz isso, ela tá dizendo: eu sou dona de mim, o corpo é meu, a vida é minha, eu tenho essa força, igual à fumaça, com a bebida.

Eu já vi em terreiro de Candomblé mulheres serem violentadas no sentido do olhar, por estar vestida de forma sensual, dançar encostando o ombro no homem, eu já vi muito isso, e acho que a sociedade manifesta um olhar à Pombagira de discriminação, de violência, não só simbólica, como física mesmo. Já vi Pombagira ser tocada não com fé, mas tocada pra sentir o cheiro do corpo, da mulher que está incorporada. Isso é violência sexual.

Referências Bibliográficas

ALVARENGA, L. F. C. *As Ressignificações de Exu dentro da Umbanda.* 2006. Dissertação (Mestrado em Ciências da Religião) – Pontifícia Universidade Católica de Goiás, Goiânia, 2006. Disponível em: <http://tede2.pucgoias.edu.br:8080/handle/tede/939>. Acesso em: 23 ago.2019.

APPOLINÁRIO, F. *Dicionário de Metodologia Científica.* São Paulo: Atlas, 2011.

AUGRAS, M. "De Iyá Mi a Pombagira: Transformações e Símbolos da Libido". In: MOURA, C. E. M. (org.). *Candomblé: Religião do Corpo e da Alma – Tipos Psicológicos nas Religiões Afro-brasileiras.* Rio de Janeiro: Pallas, 2000. p. 17- 43.

AUGRAS, M. O Duplo e a Metamorfose: a Identidade Mítica em Comunidades Nagô. Petrópolis: Vozes, 1983.BARROS, M. "Performances de Gênero na Umbanda: a Pombagira como Interpretação Afro-brasileira de 'Mulher'"? *Zevista IEB*, São Paulo: USP, n. 62, 2015.

BASTIDE, R. *As Religiões Africanas no Brasil.* São Paulo: Pioneira, 1971. 2 v.

BERKENBROCK, V. J. *A Experiência dos Orixás: um Estudo sobre a Experiência Religiosa no Candomblé.* Petrópolis: Vozes, 1999.

BÍBLIA SAGRADA: na Linguagem de Hoje. Edição para Jovem. São Paulo: Sociedade Bíblica do Brasil, 2002.

BOBBIO, N. *Direita e Esquerda: Razões e Significados de uma Distinção Política*. São Paulo: Fundação Editora Unesp, 2012.

BOURDIEU, P. *A Reprodução: Elementos para uma Teoria do Sistema de Ensino*. Petrópolis: Vozes, 2013.

BRASIL. Lei n. 10.678 de 23 de maio de 2003. Cria a Secretaria Especial de Políticas de Promoção da Igualdade Racial, da Presidência da República, e dá outras providências. Brasília, 2003a. Disponível em: <http://www.planalto.gov.br>. Acesso em: 8 ago. 2015.

_________. *Medida Provisória n. 111, de 21 de março de 2003*. Cria a Secretaria Especial de Políticas de Promoção da Igualdade Racial, da Presidência da República, e dá outras providências. Brasília, 2003b. Disponível em: <https://www.planalto.gov.br/ccivil_03/mpv/antigas_2003/111.htm>. Acesso em: 8 ago. 2018.

_________. *Lei n. 234, de 23 de novembro de 1841*. Rio de Janeiro, 1841. Disponível em: <http://www.planalto.gov.br/ccivil_03/constituicao/constituicao24.htm>.Acesso em: 10 nov. 2020.

_________. *Lei n. 7.716, de 5 de janeiro de 1989*. Define os crimes resultantes de preconceito de raça ou de cor. Brasília, 1989. Disponível em: <https://www.planalto.gov.br/ccivil_03/leis/l7716.htm>. Acesso em: 8 ago. 2018.

_________. *Lei n. 9.459, de 13 de maio de 1997*. Altera os arts. 1º e 20 da Lei n. 7.716, de 5 de janeiro de 1989, que define os crimes resultantes de preconceito de raça ou de cor, e acrescenta parágrafo ao art. 140 do Decreto-lei n. 2.848, de 7 de dezembro de 1940. Brasília, 1997. Disponível em: <https://www.planalto.gov.br/ccivil_03/leis/l9459.htm>. Acesso em: 8 ago. 2018.

_________. *Constituição da República Federativa do Brasil – 1988*. 21. ed. São Paulo: Saraiva, 1999.

_________. *Decreto 119-A*. Rio de Janeiro, 1890. Disponível em: <http://www.planalto.gov.br/ccivil_03/decreto/1851-1899/D119-A.htm>. Acesso em 12 de dezembro de 2020.

_________. *Decreto-lei n. 2.848, de 7 de dezembro de 1940*. Código Penal. Diário Oficial da União, Rio de Janeiro, 1940. Disponível em: <https://presrepublica.jusbrasil.com.br/legislacao/103275/

codigo-penal-decreto-lei-2848-40>. Acesso em: 7 maio 2018. Brasileiros, Brasil, n. 62, p. 126-145, dez. 2015.

BROWN, D. *et al.* "Umbanda & Política". *Cadernos do Iser,* Rio de Janeiro: Marco Zero, n. 18, 1985.

CAPONE, S. *A Busca da África no Candomblé: Tradição e Poder no Brasil.* Tradução de Procópio de Abreu. Rio de Janeiro: Pallas, 2009.

CASTORIADIS, C. *A Instituição Imaginária da Sociedade.* São Paulo: Paz e Terra, 2007.

CHEVALIER, J.; GHEERBRANT, A. *Dicionário de Símbolos.* 26. ed. Rio de Janeiro: José Olympio, 2012.

COSTA, V. C. da. *Umbanda: os Seres Superiores e os Orixás/Santos.* São Paulo: Loyola, 1983. v. 1 e 2.

CUMINO, A. *A História da Umbanda: uma Religião Brasileira.* São Paulo: Madras Editora, 2010.

_________. *Exu não é Diabo.* São Paulo: Madras Editora, 2018.

_________. *História da Umbanda.* São Paulo: Madras Editora, 2011.

_________. *Pombagira, a Deusa: Mulher Igual Você.* São Paulo: Madras Editora, 2019.

DICIONÁRIO HOUAISS. Verbete: iconografia. Rio de Janeiro: Objetiva, 2005.

DICIONÁRIO INFORMAL. Disponível em: <http://www.dicionarioinformal.com.br/premiada/>. Acesso em: 23 ago. 2019.

FARELLI, M. H. *Conjuros de Maria Padilha: a Verdadeira História da Rainha Padilha, de Seus Trabalhos de Magia e de Suas Rezas Infalíveis.* Rio de Janeiro: Pallas, 2006.

FERRO, M. *História das Colonizações.* São Paulo: Companhia das Letras, 1996.

FLEURI, R. M. *et al. Diversidade Religiosa e Direitos Humanos: Conhecer, Respeitar e Conviver.* Blumenau: Edifurb, 2013.

FREYRE, Gilberto. *Casa-Grande & Senzala: Formação da família brasileira sob o regime de economia patriarcal.* 7 ed. Rio de Janeiro, Olympio, 1952. 2v.

FRESTON, P. "Breve História do Pentecostalismo Brasileiro". In: ANTONIAZZI, A. et al. (orgs.). *Nem Anjos, Nem Demônios.* Petrópolis: Vozes, 1994. p. 67-159.

G1 SALVADOR. "Busto de Mãe Gilda é Alvo de Vandalismo em Salvador; Suspeito Foi Levado para Delegacia". G1, Salvador, 15 jul. 2020. Disponível em: <https://g1.globo.com/ba/bahia/noticia/2020/07/15/busto-de-mae-gilda-e-alvo-de-vandalismo-em-salvador-suspeito-foi-levado-para-delegacia.ghtml>. Acesso em: 15 jul. 2020.

G1 SALVADOR. "Líder de Centro de Umbanda se Diz Vítima de Intolerância após Ataque com Bomba e Agressão em SP". G1, Salvador, 8 fev. 2020. Disponível em: <https://g1.globo.com/sp/ribeirao-preto-franca/noticia/2020/02/08/dona-de-centro-de-umbanda-se-diz-vitima-de-intolerancia-apos-ataque-com-bomba-e-agressao-em-sp.ghtml>. Acesso em: 8 fev. 2020.

GERHARDT, T. E.; SILVEIRA, D. T. *Métodos de Pesquisa.* Porto Alegre: Editora da UFRGS, 2009.

GIL, Antônio Carlos. *Métodos e Técnicas de Pesquisa Social.* São Paulo: Atlas, 2012.

IBGE. *Censo Demográfico 2010: Características Gerais da População, Religião e Pessoas com Ceficiência.* Rio de Janeiro: IBGE, 2010. Disponível em: <http://www.ibge.gov.br/home/estatistica/populacao/censo2010/caracteristicas_religiao_deficiencia/caracteristicas_religiao_deficiencia_tab_pdf.sht> Acesso em: nov. 2016.

ISAIA, A. C.; MANOEL, I. A. (orgs.). *Espiritismo e Religiões Afro-brasileiras: História e Ciências Sociais.* São Paulo: Fundação Editora Unesp, 2012.

LÁZARO, Y. "Intolerância Religiosa Ameaça Atividades em Terreiros Baianos". *Criativa,* 25 ago. 2020. Disponível em: <https://criativaonline.com.br/intolerancia-religiosa-ameaca-atividades-em-terreiros-baianos/>. Acesso em: 25 ago. 2020.

LIMA, B. de. *Malungo: Decodificação da Umbanda.* Rio de Janeiro: Bertrand Brasil, 1997.

LINARES, R. Santuário Nacional da Umbanda, "Vale dos Orixás". 2016. Disponível em: <https://santuariodeumbanda.com.br/site/2019/08/23/oferendas-aos-deuses/>. Acesso em: 23 ago. 2019.

LOCKE, J. *Cartas sobre a Tolerância*. Lisboa: Edições 70, 1965.

LOZADA, G.; NUNES, K. da S. Metodologia Científica. Porto Alegre: Sagah, 2018.

MALANDRINO, B. C. *"Há Sempre Confiança de se Estar Ligado a Alguém"*: Dimensões Utópicas das Expressões da Religiosidade Bantu no Brasil. 2010. Tese (Doutorado em Ciências da Religião) – Pontifícia Universidade Católica de São Paulo, São Paulo, 2010.

MARCONI, M. A.; LAKATOS, E. V. *Metodologia Científica*. São Paulo: Atlas, 2010.

MINAYO, M. C. de S. *O Desafio do Conhecimento: Pesquisa Qualitativa em Saúde*. 5. ed. São Paulo: Hucitec/Abrasco, 1998.

MONTERO, P. "Umbanda". *Cadernos do Iser*, Rio de Janeiro: Iser, n. 23, 1990.

__________. *Da Doença à Desordem: a Magia na Umbanda*. Rio de Janeiro: Graal, 1985.

NAVARRO, R. "O que Foi o Concílio Vaticano II?" *Mundo Estranho*. São Paulo, 2017. Disponível em: <https://mundoestranho.abril.com.br/religiao/o-que-foi-o-concilio-vaticano-ii/>. Acesso em: 7 maio 2018.

NEGRÃO, L. *Entre a Cruz e a Encruzilhada: Formação do Campo Umbandista em São Paulo*. São Paulo: Edusp, 1996.

OLIVEIRA, S. "A Demonização Neoconservadora do Exu e Sua Utopia Libertária: Reflexões Psicanalíticas". Comunicação oral apresentada no VII Congresso Nacional de Filosofia Contemporânea e no III Congresso internacional de Filosofia da Psicanálise. Curitiba: PUCPR, 2009.

ORGANIZAÇÃO DAS NAÇÕES UNIDAS (ONU). *Resolução 36/55*. Declaração sobre a eliminação de todas as formas de intolerância e discriminação fundadas na religião ou nas convicções. Proclamada pela Assembleia Geral das Nações Unidas, 25 nov. 1981. Disponível em: <https://www.mpma.mp.br/arquivos/COCOM/arquivos/centros_de_

apoio/cao_direitos_humanos/direitos_humanos/geral/DecIntoleranciaRegiosa.htm>. Acesso em: 15 jul. 2020.

ORTIZ, R. *A Morte Branca do Feiticeiro Negro: Umbanda e Sociedade Brasileira*. São Paulo: Brasiliense, 1999.

PEREIRA, C. S. "Lavar, Passar e Receber Visitas: Debates sobre a Regulamentação da Prostituição e Experiências de Trabalho Sexual em Buenos Aires e no Rio de Janeiro, Fim do Século XIX". *Cadernos Pagu*, Campinas, n. 25, p. 25-54, jul./dez. 2005.

PINTO, T. A Origem da Umbanda. Brasília: Spiritualista, 1970.

PRANDI, R. Herdeiras do Axé. São Paulo: Hucitec,1996a.

_________."Pombagira e as Faces Inconfessas do Brasil". In: PRANDI, Reginaldo. *Herdeiras do Axé*. São Paulo: Hucitec, _________. *Mitologia dos Orixás*. São Paulo: Companhia das Letras, 2001.

_________. *Os Candomblés de São Paulo*. São Paulo: Hucitec, 1991.

_________. *Segredos Guardados: Orixás na Alma Brasileira*. São Paulo: Companhia das Letras, 2005.

PRATES, A. E. *Exu: a Esfera Metamórfica*. Montes Claros: Unimontes, 2010.

RESK, F.; TOMAZELA, J. M.; COTRIM, J. "Brasil Registra uma Denúncia de Intolerância Religiosa a Cada 15 horas". *O Estado de S. Paulo*. São Paulo 2017. Disponível em: <https://brasil.estadao.com.br/noticias/geral,brasil-registra-uma-denuncia-de- intolerancia-religiosa-a-cada--15-horas,70002081286>. Acesso em: 7 maio 2018.

RIBEIRO, D. *O Povo Brasileiro: a Formação e o Sentido do Brasil*. São Paulo: Companhia das Letras, 1995. p. 20.

RICHARDSON, R. J. *Pesquisa Social: Métodos e Técnicas*. 4. ed. São Paulo: Atlas, 2017. 424 p.

ROBERTS, N. *As Prostitutas na História*. Rio de Janeiro: Rosa dos Tempos, 1992.

ROBLES, C. *En Recuerdo*. Navarra: Thomson Aranzadi, 2006.

SALES, S. O. "Sincretismo Religioso: um Retorno às Origens e às Conexões Sagradas entre os Orixás e os Demais Sagrados Predominantes no Brasil". *Acta Científica*. XXIX Congreso de La Asociación Latinoamericana de Sociología, 2013. Disponível em: <http://actacientifica.servicioit.cl/biblioteca/gt/GT21_OliveiradeSales.pdf>. Acesso em: 23 ago. 2019.

SANTANA, K. E. S. de; MUNIZ FALCÃO, W. H. M. “A Intolerância contra Religiões Afro-Brasileiras à Luz da Constituição Brasileira de 1988 e da Declaração Universal dos Direitos Humanos de 1948”. 2018. Disponível em: <http://www.publicadireito.com.br/artigos/?cod=07c4b1fdd1ef8da2>. Acesso em: 6 maio 2018.

SARACENI, Rubens. *As Sete Linhas da Umbanda: a Religião dos Mistérios*. São Paulo: Madras, 2017a.

_________. *Orixá Pombagira: Fundamentação do Mistério na Umbanda*. São Paulo: Madras, 2017b.

SDH/PR – Secretaria de Direitos Humanos. Secretaria Nacional de Promoção e Defesa dos Direitos Humanos. *Por uma Cultura de Direitos Humanos: Direito a uma Vida Livre de Violência*. Brasília: Coordenação Geral de Educação em SDH/PR, 2013.

SEIBLITZ, Z. “A Gira Profana”. In: BROWN, Diana *et al.* “Umbanda & Política”. *Cadernos do Iser*, Rio de Janeiro: Marco Zero, n. 18, 1985.

SILVA, C. A. “A Importância do Comitê da Diversidade Religiosa no Combate à Intolerância”. In: I Congresso Internacional das Faculdades EST, Religião e Sociedade: Desafios Contemporâneos. Porto Alegre: Faculdades EST, 2012. v. 1, p. 1195-1209.

_________; RIBEIRO, M. B. *Intolerância Religiosa e Direitos Humanos: Mapeamentos de Intolerância*. Porto Alegre: Sulina, 2007.

SILVA, V. G. da. *Exu: o Guardião da Casa do Futuro*. Rio de Janeiro: Pallas, 2015.

_________. *Candomblé e Umbanda: Caminhos da Devoção Brasileira*. São Paulo: Ática, 1994.

_________. *Impactos do Neopentecostalismo no Campo Religioso Afro-Brasileiro*. São Paulo: Edusp, 2007.

SIMAS, L. A.; RUFINO, L. *Fogo no Mato: a Ciência Encantada das Macumbas*. Rio de Janeiro: Mórula, 2018.

TEIXEIRA NETO, Antônio Alves. *A Magia e os Encantos de Pombagira*. Rio de Janeiro: Eco, 2007.

TRINDADE, L. M. S. "Exu: Poder e Magia". In: MOURA, Carlos Eugênio M. (coord.). *Olóòrìsà: Escritos sobre a Religião dos Orixás*. São Paulo: Ágora, 1981. p. 3-10.

UNESCO. *Declaração de Princípios sobre a Tolerância*. Paris: Unesco, 1995. Artigo primeiro. Biblioteca Virtual de Direitos Humanos. Universidade de São Paulo – USP. Disponível em: <http://www.direitoshumanos.usp.br/index.php/UNESCO-Organiza%C3%A7%C3%A3o-das-Na%C3%A7%C3%B5es-Unidas-para-a-Educa%C3%A7%C3%A3o-Ci%C3%AAncia-e-Cultura/declaracao-de-principios-sobre-a-tolerancia.html>. Acesso em: abr. 2018.

VERGER, P. *Notas sobre o Culto aos Orixás e Voduns na Bahia de Todos os Santos, no Brasil, e na Antiga Costa dos Escravos, na África*. 2. ed. São Paulo: Edusp, 2012.

WIKIPÉDIA, a Enciclopédia Livre. Neoconservadorismo. Disponível em: <https://pt.wikipedia.org/wiki/Neoconservadorismo>. Acesso em: 23 ago. 2019.

ZACHARIAS, R. *The Lotus and the Cross: Jesus Talks with Buddha*. Michigan: Multnomah, 2010.

Notas de Fim

1. Segundo Bourdieu (2013, p. 205-207), está voltada à ideia de que o conhecimento existente na sociedade é determinado pela elite (classe dominante detentora do capital cultural), como conhecimento (capital, moeda de troca) necessário para que alguém se projete socialmente. Ou seja, estudam-se a religiosidade judaica, a cristã e a mulçumana, porque a elite estabelece que esse conhecimento é necessário para ser uma pessoa elevada em termos de capital social. Já um determinado conhecimento, como a religiosidade de matriz africana, não é tido como fundamental para uma "boa" posição social nos padrões da elite, pois a cultura dos dominados não faz parte dos padrões dos dominantes. Simplificando, a elite determina o que é necessário para que o indivíduo se torne elite e permaneça como tal.

2. Gira é uma palavra de origem portuguesa do verbo girar. Nome que se dá aos trabalhos do terreiro nos quais os médiuns se põem a rodar, antes de estarem incorporados pelas entidades. O movimento rotativo estabelece condições de comunicação com o transcendente.

3. Trazidos nos porões de navios negreiros, homens, mulheres e crianças trouxeram seus valores, suas crenças, seu destino e seus deuses. Na travessia, deuses e homens misturaram-se, choraram, sofreram, lutaram e buscaram sobreviver e suportar um destino insólito e sem liberdade em um novo e desconhecido mundo. Suportar a condição da escravidão em terras estranhas exigia muito equilíbrio da população negra trazida para esse novo mundo. Para manter a integridade interna, os escravos utilizavam as lembranças de sua terra natal. Entidades metafísicas, como os Orixás (para os povos iorubás), Inquices (para os povos

de Congo-Angola) e os voduns (para os povos daomeanos), possuíam um significado de coesão cultural e psicológica, que promovia o eixo de ligação do eu individual com a alma tribal, com sua terra e com seu si mesmo (ZACHARIAS, 2010, p. 76).

4. Surgimos da confluência, do entrechoque e do caldeamento do invasor português com índios silvícolas e campineiros e com negros africanos, uns e outros aliciados como escravos. A sociedade e a cultura brasileiras são conformadas como variantes da versão lusitana da tradição civilizatória europeia ocidental, diferenciadas por coloridos herdados dos índios americanos (RIBEIRO, 1995).

5. Entende-se que a Umbanda, a partir do momento em que assimilou o sincretismo contido no universo religioso afro-brasileiro, também o transformou conscientemente, produzindo "uma síntese que refletisse, no nível religioso, as contribuições (e contradições) dos grupos formadores de nossa experiência social e histórica. Por meio dessas características, a Umbanda pôde se afirmar como religião que se quer genuinamente nacional, uma religião à moda brasileira" (SILVA, 1994, p. 99).

6. A expressão "macumba" vem muito provavelmente do quicongo kumba: feiticeiro (o prefixo "má" no quicongo forma o plural). Kumba também designa os encantadores das palavras, os poetas.

Macumba seria, então, a terra dos poetas do feitiço; os encantadores de corpos e palavras que podem fustigar e atazanar a razão intransigente e propor maneiras plurais de resistência pela radicalidade do encanto em meio às doenças geradas pela retidão castradora do mundo como experiência singular de morte (SIMAS; RUFINO, 2018, p. 1).

7. A história da fundação da Umbanda carioca passaria, então, pela história de Zélio de Moraes, de sua doença e posterior cura, e de seu guia espiritual, Caboclo das Sete Encruzilhadas, que, ao se manifestar em Zélio em uma sessão kardecista, e ser instado pelo dirigente daquele culto para que se retirasse, conclamou que, daquele momento em diante, haveria de surgir uma nova religião voltada à prática da caridade, da cura e da salvação de quem quer que a buscasse, mas sem o preconceito e o elitismo presentes nas sessões kardecistas em relação às entidades

que ali se manifestavam. As primeiras tendas de Umbanda ganham destaque no Rio de Janeiro a partir da década de 1920, e nos outros estados depois das décadas de 1940 e 1950. A primeira Tenda de Umbanda é a Tenda Espírita Nossa Senhora da Piedade, fundada dia 15 de novembro de 1908, por Zélio de Moraes e seu mentor espiritual, o Caboclo das Sete Encruzilhadas (CUMINO, 2011, p. 84).

8. O termo Magia Negra na cultura mágica religiosa de todas as diversas tradições negras africanas é reconhecido como veículo de axé (poder de realização), portador de encanto e encantamentos, ferramenta de feitiço e cura. Negro é etnia, raça, Magia Negra é a Magia do Negro. Precisamos ressignificar palavras construídas a partir da realidade colonial, patriarcal, racista e escravagista. Não podemos mais aceitar que Magia Negra é sinônimo de Magia do Mal. Magia Negativa deve ser o termo correto (CUMINO, 2019, p. 78-79).

9. Falange é cada "vibração" emitida aos terreiros para as "incorporações". Trará o nome do orixá/santo; apresentar-se-á como seu lugar tenente e terá todas as honras devidas ao orixá/santo. Mas não será o próprio orixá/santo. São "vibrações" suas, por ele emitidas. O conjunto dessas "vibrações" constitui a falange do orixá (SILVA, 1994, p. 120).

10. As Sete Linhas da Umbanda: Essência Cristalina - Oxalá - Fé; Essência mineral - Oxum - Amor; Essência vegetal - Oxóssi - Conhecimento; Essência ígnea - Xangô - Justiça; Essência aérea - Ogum - Lei; Essência telúrica - Obaluaiê - Evolução; Essência aquática - Iemanjá - Geração - Vida.

11. Pombagira seria sua imagem feminina em princípio, a prostituta, a "mulher da vida", que se manifesta nos terreiros geralmente para atender a pedidos relacionados a problemas amorosos, sexuais ou financeiros e, às vezes, também ligados à saúde física (SILVA, 1994, p. 99-149).

12. A denominação de Quimbanda é atribuída pelos adeptos da Umbanda de linha branca. Em linguagem leiga, seus centros e atividades são chamados de Macumba; caberia o lado mais primitivo, obscuro, "negro", rebelde e contestador da religião. À Umbanda, o lado mais evoluído, "branco", pacífico e moderno. A herança negra e africana

cabe à Quimbanda; a aquisição de traços da cultura ocidental, branca, civilizada e erudita, à Umbanda (ORTIZ, 1999, p. 133-134).

13. Os orixás são bons por natureza e só se prestam a fazer o bem. As entidades "do mal", da Quimbanda, os Exus e as Pombagiras não seriam, assim, intrinsecamente maus; podem também fazer o bem, ser "batizados" e doutrinados. Os orixás de luz da Umbanda não se manifestam na Quimbanda, mas as entidades desta, contudo, se manifestam naquela, buscando trabalhar na prática do bem e da caridade, segundo estabelece a doutrina umbandista (ORTIZ, 1999, p. 134).

14. Ao afirmar que se esses dois universos opõem-se pela sua natureza, demonstra-se também que eles permanecem intimamente ligados, uma vez que um existe em função do outro: o Bem só o é à medida que tem como meta combater o Mal; este, por sua vez, só ganha sentido sendo a inversão de uma ordem definida como Bem (MONTERO, 1985).

15. Pombagira não é apendicite ou anexo de Exu, não é costela de Exu e, por isso mesmo, não é um Exu-Mulher. "Afirmar isso seria o mesmo que afirmar que Iansã é Xangô mulher, Oxum é Oxumaré mulher ou Nanã Buroquê é Obaluaiê mulher" (CUMINO, 2019, p. 25).

16. Pombagira é tão popular quanto Exu e os demais Orixás, ainda que ninguém saiba como encaixá-la teogonicamente, e todos preferimos defini-la até agora como um Exu feminino. O Mistério Pombagira abriu-se por inteiro na Umbanda, e tanto pode ser esse quanto outro nome para identificá-lo, porque, enquanto Orixá, seu verdadeiro nome nunca foi revelado na Teogonia Nagô; ele se encontra oculto entre os 200 Orixás desconhecidos, porque a Pombagira não foi humanizada no tempo como foram Exu, Oxalá, Iemanjá e todos os outros Orixás do panteão yorubano, muitos deles desconhecidos pelos umbandistas e por boa parte dos seguidores de outros cultos afros (SARACENI, 2017, p. 18-21).

17. A literatura acerca dessa personagem é vasta. Para um estudo mais detalhado sobre Maria Padilha, leia-se: FARELLI, Maria Helena. *Os Conjuros de Maria Padilha.* São Paulo: Pallas, 2006.

18. "Pombagiras são espíritos de mulheres, cada uma com sua biografia mítica: histórias de sexo, dor, desventura, infidelidade, transgressão social, crime" (PRANDI, 1996).

19. Para um estudo mais aprofundado sobre os termos direita e esquerda, leia-se: BOBBIO, Norberto. *Direita e esquerda: Razões e significados de uma distinção política*. São Paulo: Fundação Editora Unesp. 2012.

20. Obra publicada pela Madras Editora.

21. É assim que nos sentimos: em uma encruzilhada, entendendo encruzilhada como pluralidade de possíveis caminhos. Como escrever ou descrever uma protagonista tão misteriosa e fascinante que percorre o imaginário mesmo daqueles que não professam a mesma religião? Como encontrar a verdade sobre ela, se cada indivíduo ou grupo possuem perspectivas distintas? Como explicar a ambiguidade que a permeia, já que está ligada ao mundo sobrenatural, ou seja, só é conhecida pela experiência do transe?

Não sabemos se há respostas. A única ideia que temos é a vontade de compilar informações que nos auxiliem a desfazer um estereótipo criado de as entidades possuírem comportamentos desviantes e marginais, apenas por serem ligadas às religiões afro-brasileiras, fruto de pensamentos ligados à colonização europeia. Queremos, no mínimo, causar uma provocação no sentido de mostrar que estão sendo subalternizadas e destituídas de sua tradição que trabalha com a lei dos opostos e "encerra aspectos múltiplos e contraditórios que dificultam uma apresentação e uma definição coerente" (VERGER, 2012, p. 119).

22. Se a ancestralidade contribui para a produção de sentidos, isso nos faz refletir sobre a importância dos antepassados na Umbanda e, consequentemente, sobre o resgate da tradição africana em sua cosmologia, o que nos leva a pensar em suas origens para compreender seu destino. A origem das religiões afro-brasileiras parte de seus descendentes africanos e indígenas, e a teoria pós-colonial descortina como as experiências históricas desses personagens foram subjugadas e negadas, colocando-os como povos e personagens subalternos. E é daqui que o imaginário umbandista se alimenta: exatamente no fato de mergulhar

tão profundamente na realidade brasileira, de buscar a partir daí sua fonte de inspiração, transformando em símbolos figuras do nosso cotidiano popular que sofreram (e sofrem) as formas mais desprezíveis de preconceito, mas que, apesar de tudo, possuem as qualidades e os atributos necessários para ajudar aqueles indivíduos que os procuram todos os dias nos terreiros (ISAIA; MANOEL, 2012, p. 299).

23. Laroiê Iná Iná Mojubá. Laroiê no *Dicionário Informal* significa "saudação" feita à entidade Exu, tanto na Umbanda como no Candomblé. Trata-se de um "salve!", destinado exclusivamente a um ou mais Exus, feminino, masculino ou até uma falange inteira. Esta saudação também é utilizada na entrega de oferendas ou como pedido de proteção. Iná Iná Mojubá significa: fogo, fogo, meus respeitos (SILVA, 2015, p.17).

24. A iconografia trata de representações por meio de imagens e ícones. Essa área estuda a origem e a formação das imagens. A palavra iconografia vem do grego, em que *"eikon"* significa imagem e *"graphia"* significa escrita. Ver *Dicionário Houaiss* (2005).

25. Ao longo da simbologia judaico-cristã, a pomba representa o Espírito Santo, sendo, fundamentalmente, um símbolo de pureza, simplicidade, harmonia, paz, esperança e o encontro da felicidade, já que foi ela que trouxe o ramo de oliveira para Noé. Na perspectiva pagã, a pomba simboliza a pureza do amor, com o amor carnal e os instintos sexuais, associando-se por complementaridade. Esta ave também é relacionada à imagem de Afrodite e Eros, simbolizando os desejos dos amantes e a realização amorosa. A pomba representa, portanto, aquilo que o ser humano possui de eterno, imperecível e imaterial; é o princípio vital, a alma, a essência do amor. A imagem da pomba é repetida na iconografia cristã, a qual, no relato do martírio de São Policarpo, por exemplo, faz com que uma pomba saia do corpo do santo após sua morte. Todo esse simbolismo provém, evidentemente, da beleza e da graça desse pássaro, de alvura imaculada e da doçura do seu arrulho. O que explica que, tanto na língua mais trivial quanto na mais fina, da gíria parisiense ao Cântico dos Cânticos, o termo pomba figura entre as metáforas mais universais que celebram a mulher. À medida que a alma se aproxima da luz, diz Jean Daniélou citando São Gregório Nazianzeno, ela se vai fazendo bela, e assume, na luz, a forma de pomba (CHEVALIER; GHEERBRANT, 2012, p. 728 e 786).

[26.] Diz o mito: ao criar Adão, Deus também extraiu a mulher do barro para que o homem não ficasse solitário sobre a Terra; e a chamou Lilith, que, na língua suméria, corresponde a "alento", o sopro divino. Porém, assim que os dois se juntaram, começaram a discutir, pois ela se opunha a permanecer por baixo do homem durante o ato da cópula. Aferrada à sua convicção de igualdade, Lilith exigiu de Adão que modificasse sua postura para que ela também desfrutasse do prazer do amor. Indignado, Adão se negou, alegando que era próprio do homem deitar-se sobre a mulher e afirmando que não acederia a seus desejos. Ferida em seu orgulho, Lilith pronunciou o inefável nome de Deus e, enfurecida pela atitude do marido, abandonou-o para sempre. "Nós dois somos iguais, uma vez que saímos do mesmo barro"", disse-lhe Lilith antes de iniciar sua carreira endemoninhada. Adão queixou-se a Deus e, para satisfazer as demandas de seu servo, a divindade enviou três anjos à Terra para trazer Lilith de volta ao lar, com a ameaça de que, caso não concordasse, mandaria matar cem de seus filhos a cada dia. Como ela persistisse em se opor, os anjos advertiram-na de que recairia de forma inevitável o castigo supremo sobre ela e sobre seus filhos. Humilhada, jurou vingança, fazendo o mesmo a todos os recém-nascidos que encontrasse em sua passagem. Se fossem meninos, podia degolá-los desde o momento de seu nascimento até o oitavo dia; no que se refere às meninas, sua ameaça de morte se prolongava até o vigésimo dia após seu nascimento. Tais atos coincidem com a cerimônia da circuncisão e com rituais de mutilação feminina praticados em algumas comunidades muçulmanas. Seu juramento, contudo, deixou em aberto uma esperança de salvação, pois prometeu não destruir as criaturas que portassem um amuleto com os nomes dos três anjos, cuja proteção se estenderia também às mulheres grávidas durante o parto. Lilith é aquela que arrasta o homem para as desgraças, que faz surgir as doenças e a morte. As imagens de Lilith marcaram o feminino com o estigma da astúcia, do engodo, da traição, da perversão. Sua imagem retorna de tempos em tempos, sempre que uma mulher luta por igualdade e liberdade, e descobre o significado mais escondido de sua criatividade. Lilith não é somente o demônio com mãos sujas de sangue, ela está presente nos desejos insatisfeitos, nas brigas matrimoniais, na separação dos casais, na emancipação frustrada e nos castigos que as mulheres sofrem por desafiarem as normas da sociedade. Lilith é, por tudo isso, a paixão da noite, a criatura mais temida e o anjo que vaga com a esperança de restaurar a ordem transtornada, apesar de toda dor e de todo esquecimento (ROBLES, 2006, p. 35-39).

27. O imaginário tradicional umbandista, para não dizer brasileiro, acreditava que muito da maldade humana é própria das mulheres, que o sexo feminino tem o estigma da perdição, que é marca bíblica, constitutiva da própria humanidade, desde Eva. O pecado da mulher é o pecado do sexo, da vida dissoluta, do desregramento, é o pecado original que faz o homem se perder (PRANDI, 2005, p. 82).

28. Pombagira comanda uma falange de 18 Exus. Syrach seria comandado apenas por Lúcifer (o diabo Maioral da Quimbanda) que se apresenta trinitariamente como Lúcifer, Belzebu ou Aschtaroth. Klepoth seria a única mulher dentre 18 Exus e, nessa "trevosa" falange, é a que ocupa o terceiro lugar em hierarquia. Como se pode depreender desse contexto, Pombagira exerce um poder imenso, aumentado ainda mais em virtude de sua condição de única mulher presente e atuante em um cenário marcadamente masculino (TEIXEIRA NETO, 2007, p. 33).

29. Quando se fala que Pombagira tem sete maridos, é uma linguagem figurada para identificar Exu nas Sete Linhas de Umbanda ou Vibrações de Deus, em que ele também atua. O autor explica que, tecnicamente, Pombagira faz par com Exu e também com seus Sete Sentidos: Exu de fé, Exu do Amor, Exu do Conhecimento, Exu da Justiça, Exu da Lei, Exu da Evolução, Exu da Geração. apenas uma dentre tantas visões de Umbanda. Nada tem a ver com troca sexual, casamento ou relacionamento mundano e medíocre, como as pessoas estão acostumadas a imaginar. Com isso, Pombagira se mantém como modelo de negação ou de libertação de aspectos ligados à sexualidade feminina em uma sociedade com conceitos patriarcais e conservadores, de valores tradicionais (CUMINO, 2019, p. 27).

30. Farofa de farinha de mandioca com azeite de dendê e pimenta, que é o padê, comida predileta de Exu; farofa de farinha de mandioca com mel; aguardente, vinho branco ou champanhe (cidra, uma espécie

de champanhe barata feita de maçã); carne crua com azeite de dendê e pimenta; farofa com carne-seca desfiada e pimenta; coração de boi assado na brasa, com sal e pimenta. No Candomblé, entretanto, Pombagira recebe sacrifício votivo de galinhas pretas e, quando se pretende atingir objetivos mais difíceis, de cabras pretas e novilhas. Na Umbanda, a oferenda (ebó) de alimento, preferencialmente, vai para um lugar fora do terreiro (encruzilhada, praia, etc.), mas no Candomblé as comidas são depositadas ao pé da Pombagira, isto é, junto às suas representações materiais compostas de boneca de ferro (geralmente com chifres e rabo, como o Diabo), tridentes arredondados de ferro, lanças de ferro e correntes (elementos presentes também nos pontos riscados), representações que permanecem guardadas, longe dos olhos dos não iniciados, nas dependências reservadas para o culto de Exu (PRANDI, 1996).

31. Quizila: mesmo que confusão, repugnância, proibição ritual, interdição.

32. A saudação Laroiê no *Dicionário Informal* significa "saudação" feita à entidade Exu e Pombagira, tanto na Umbanda como no Candomblé. Trata-se de um "salve!", destinado exclusivamente para um ou mais Exus, podendo ser ele feminino, masculino ou para uma falange inteira. Esta saudação também é utilizada na entrega de oferendas ou como pedido de proteção. Iná Iná Mojubá siginifica: fogo, fogo, meus respeitos (SILVA, 2015, p. 17).

33. A mulher não tem medo ao incorporar Exu, nunca ouvi falar que a mulher se masculinizou nesse contato com Exu. Medo de incorporar Pombagira ou de afirmar-se é única e exclusivamente um comportamento machista, sexista e misógino, incutido por meio dessa sociedade patriarcal, preconceituosa e homofóbica. Pombagira não faz ninguém se tornar o que já não é (CUMINO, 2019, p. 83).

34. UNESCO (Organização das Nações Unidas para a Educação, a Ciência e a Cultura). *Por uma Cultura de Direitos Humanos: Direito a uma Vida Livre de Violência*. Brasília: Coordenação Geral de Educação em SDH/PR, Direitos Humanos, Secretaria Nacional de Promoção e Defesa dos Direitos Humanos, 2013.

35. Neoconservadorismo é uma corrente da Filosofia Política que surgiu nos Estados Unidos a partir da rejeição do liberalismo

social, do pacifismo, do relativismo moral, da social-democracia e da contracultura da Nova Esquerda dos anos 1960. (Origem: Wikipédia, a enciclopédia livre.)

36. Obra publicada pela Madras Editora.

37. "Os umbandistas são injustamente combatidos pelos kardecistas... Os kardecistas pensam que os umbandistas se enganam ao aceitarem os espíritos dos caboclos, dos africanos, etc., como guias e protetores, e alegam que esses espíritos são inferiores ou atrasados, e que, por essa razão, não são capazes de preencher o ofício de guias nos centros ou nas tendas, nem mesmo de protetores dos médiuns" (BASTIDE, 1971).

38. Estruturaram-se no século XIX como religiõesétnicas dos escravos africanos e de seus descendentes, mas com o passar do tempo, tornaram-se religiões multiétnicas ou universais, e recebem diferentes nomes regionais, tais como: Candomblé, na Bahia; Xangô, em Pernambuco; Batuque, no Rio Grande do Sul. São, ainda, incluídas na expressão religiões afro-brasileiras a Macumba, a Quimbanda, a Umbanda, entre outras (SILVA; RIBEIRO, 2007, p. 30).

39. A Igreja Católica sempre foi contra a proliferação de quaisquer outras religiões, advertindo seus fiéis especialmente contra o Paganismo. O combate da Igreja contra a Umbanda acontece na década de 1950, quando o crescimento do Espiritismo no Censo de 1950 é maior do que o católico. Com o tempo, a Igreja utilizou-se da mídia, principalmente da TV, para difamar a Umbanda e divulgá-la como uma fraude (CUMINO, 2010, p. 168).

40. Interpretação religiosa a partir de um discurso de alteridade (nós e eles). Aquilo que não pertencesse ao universo simbólico e ao magistério da Igreja era considerado inapropriado a ser seguido.

41. Para ter um conhecimento mais detalhado sobe o Neopentacostalismo, indico a obra do autor: SILVA, Vagner Gonçalves. *Impactos do Neopentecostalismo no Campo Religioso Afro-brasileiro*. São Paulo: Edusp, 2007.

42. Esta intolerância não é fruto apenas de questões religiosas, porém de interesses econômicos, políticos e culturais que, somados à falta de informação e diálogo, resultam em verdadeira afronta aos direitos

humanos, fundamentais à sobrevivência digna do cidadão (SANTANA; MUNIZ FALCÃO, 2018, p. 3).

43. A Umbanda foi originalmente criada por pobres, em sua maioria, negros. Por isso sofreu, e ainda sofre, estigmas e preconceitos enquanto religião. Seus adeptos, por sua vez, são marginalizados por integrarem uma religião historicamente formada por pobres e negros, o que cria um circuito de afirmação constante do estereótipo negativo (FLEURI et al., 2013, p. 102).

44. Não é comum, por exemplo, ver igrejas evangélicas disputando poder com a Igreja Católica, pois ambas dispõem de grande representatividade, enquanto as religiões de matriz africana acabam sofrendo por esse poder exercido sobre elas (SANTANA; MUNIZ FALCÃO, 2018, p. 6).

45. Reportagem disponível em: <https://oglobo.globo.com/google/amp/politica/eleicoes-2022/noticia/2022/10/camara-e-assembleias-legislativas-tem-recorde-de-pastores-evangelicos-eleitos.ghtml> Acesso em: 12 set. 2023.

46. Um levantamento feito pelo Ministério dos Direitos Humanos revelou que, no Brasil, entre 2015 e o primeiro semestre de 2017, houve uma denúncia de intolerância religiosa a cada 15 horas. No período correspondente de 2017, foram registrados 169 casos, sendo que a maioria diz respeito a religiões de origem africana, com 39% das denúncias. A Umbanda lidera o ranking com 26 casos, seguida pelo Candomblé (22) e pelas religiões de matrizes africanas (RESK; TOMAZELA; COTRIM, 2017).

47. G1 Bahia. "Busto de Mãe Gilda é Alvo de Vandalismo em Salvador; Suspeito Foi Levado para Delegacia". 15 jul. 2020. Disponível em: <https://g1.globo.com/ba/bahia/noticia/2020/07/15/busto-de-mae-gilda-e-alvo-de-vandalismo-em-salvador-suspeito-foi-levado-para-delegacia.ghtml>. Acesso em: 16 abr.024.

48. G1 Ribeirão Preto. "Líder de Centro de Umbanda se Diz Vítima de Intolerância após Ataque com Bomba e Agressão em SP". 8 fev. 2020. Disponível em: <https://g1.globo.com/sp/ribeirao-preto-franca/noticia/2020/02/08/dona-de-centro-de-umbanda-se-diz-vitima-de-in-

tolerancia-apos-ataque-com-bomba-e-agressao-em-sp.ghtml>. Acesso em: 11 abr. 2024.

[49.] PIONEIRO. "Centro de Umbanda é Atacado a Tiros por Vizinho em Caxias do Sul". 10 fev. 2020. Disponível em: <https://gauchazh.clicrbs.com.br/pioneiro/geral/noticia/2020/02/centro-de-umbanda-e-atacado-a-tiros-por-vizinho-em-caxias-do-sul-12187878.html#:~:text=Cerca%20de%2015%20pessoas%20encontravam,localizado%20na%20Rua%20Arch%C3%A2ngelo%20Rizzo>. Acesso em: 11 abr. 2024.

[50.] Art. 284. Exercer o curandeirismo:

I – prescrevendo, ministrando ou aplicando, habitualmente, qualquer substância;

II – usando gestos, palavras ou qualquer outro meio;

III – fazendo diagnósticos:

Pena – detenção, de seis meses a dois anos.

Parágrafo único. Se o crime é praticado mediante remuneração, o agente fica também sujeito à multa (BRASIL, 1940).

[51.] A Declaração Universal dos Direitos Humanos e as declarações específicas de combate às práticas de intolerância religiosa, incluindo a Declaração de Princípios sobre a Tolerância, assinada em Paris no ano de 1995, configuram, portanto, um esforço da Organização das Nações Unidas na criação de dispositivos que têm a função de evitar guerras, promover a paz e afirmar a democracia (SILVA; RIBEIRO, 2007).